JN187198

ブリランテな日々

——マリアンジェラのイタリア流しあわせ術

マリアンジェラ・ラーゴ＋関 孝弘

日本におけるイタリア文化の紹介、普及に多大なるご貢献をされているマリアンジェラ・ラーゴ夫人と関孝弘先生ご夫妻へ、心よりご出版のお祝いを申し上げます。

ご夫妻は、イタリア人作曲家のピアノ作品などを知らしめる重要な芸術活動に留まらず、難病の子供たちへの音楽支援など幅広くご活躍されていますが、今回、さらにこの出版がお二方の素晴らしい活動に加わることとなりました。

著者のお二人は、私たちイタリア人の真の価値観を、イタリアの生活スタイルを通して見事に語り、日本の皆様へ人生の指針を提案していらっしゃいます。

ラーゴ夫人と関先生の、日伊両国の文化交流への絶え間ぬ情熱に深く感謝を述べるとともに、この書籍が素晴らしい成功をおさめることを祈念いたします。

イタリア駐日大使
ドメニコ・ジョルジ

L'Ambasciatore

Vorrei esprimere le mie più sincere congratulazioni per questa pubblicazione alla Signora Mariangela Rago e al Maestro Takahiro Seki sempre molto attivi nel valorizzare e promuovere la cultura italiana in Giappone.
Questo libro si aggiunge all'intensa attività che svolgono sia in ambito artistico, dando un contributo importante a diffondere la conoscenza dei compositori italiani di musica per pianoforte, sia attraverso le numerose iniziative di terapia musicale per bambini gravemente ammalati.
Prendendo spunto dallo stile di vita italiano, gli autori propongono una lettura originale dei nostri valori e offrono un modello di riferimento per gli amici giapponesi.
Desidero ringraziare la Signora Rago e il Maestro Seki per il costante impegno a favore dello scambio culturale tra i due Paesi ed esprimo i miei più fervidi auguri per il successo di questa iniziativa.

Domenico Giorgi

装丁：纐纈友洋

編集協力：みついひろみ

写真（p.77、p.171、p.235 下、鼎談）：三井彩紗

カバーコラージュ：若松光一郎

＊カバーのコラージュは、著者である夫妻が結婚前に
日本ーイタリア間でやりとりしていた手紙の類を利用して、
夫妻が深く親交を結んだ画家の若松光一郎氏（p.236～参照）が作成したもの。

目次

［マ］＝マリアンジェラ・ラーゴ
［関］＝関 孝弘

Capitolo 02

イタリア人の価値観——徹底した自分軸をもつ

間奏

家族になる［マ］［関］

Capitolo 03

家族は逃げ場所

Capitolo 04

友に巡り合えた人は宝を手に入れたのと同じ

まえがき

日々、新鮮な毎日

マリアンジェラ・ラーゴ

私は、生きていることが、とても幸せ。朝起きられた、太陽が輝いている、気持ち良い風が吹いてきた、美味しいパンの匂い……それだけで、もう嬉しくてたまらない。毎日、やって来る朝が待ち遠しいと思う。当たり前のことだけれども、どんな小さな喜び、出来事も味わい楽しむと、自然と喜びはやって来ます。

元気で、いつも共にいたい人と暮らし、可愛い子どもたちがいて、この世の中で私より幸せな人がいるのかな、と思います。悩み事はないの？　苦しいことは？　と聞かれることもありますが、もちろんたくさんあります。けれど、生まれてきて、今、生きていることが、本当に幸せ。

私は、ブレーシャという北イタリアの街で育ちました。ミラノ大学で生物学を学んで、イタリアに留学して来た孝弘と出会い、結婚をして、1989年の夏に二人で日本にやって来ました。長男ミケーレ、長女エレナという二人の子どもを授かり、あっという間に25年が経ちましたが、イタリアでは見たこと、聞いたことがない新しい経験ばかりで、未だに飽きることがありません。もちろん、日本に来たばかりの頃は、文化の違い、習慣の違いで驚くことや戸惑うこともありましたが、自分の気持ちに素直になって、自分で考え、行動して、前に向かって扉を開いていくと、毎日が楽しく、新鮮な日々が続いていくことを発見しました。

イタリア人は明るく幸せな国民である、と世界中で言われていますが、私も本当にそう思います。どんなにマイナス的な出来事が起きても、プラスの方向に考えが向いてしまう。落ち込むのではなく、それをプラスに働かせて、さらに人生を豊かなものにしてしまうのがイタリア人なのかもしれません。もちろん、国によって習慣も価値観も違うので、幸せの形もさまざま。けれども、幸せの意味は世界共通だと思っています。

イタリア人だから、日本人だからと言う前に、世界は一つ、皆、地球人です！ グローバル社会の公用語は「笑顔」。一人が笑うと、隣も笑う。笑顔は、どんどん広がっていきます。

「幸せ」は、皆さんが思っているよりも、ずっと身近なところにあるのです。周囲を見れば、日常の中に、たくさんの笑顔や幸せが転がっています。ちょっと手を伸ばせば、誰でも手が届くのです。それをつかむための「マリアンジェラ流の方法」を、皆さんにお伝えしたくて、この本を書きました。

毎日の忙しい生活の中で、ほんの少し物の見方を変えるだけで、世界はこんなにも明るく開かれるのだということを、日本の皆さんに少しでも伝えられたら、こんなに嬉しいことはありません。

今、100％幸せですか？

関孝弘

日本で大学を終え、イタリア留学生活が始まると、なかなか理解出来ないことが一つありました。それは、会う人会う人、誰もが「幸せ」だと言い切ることです。僕は、「あなたが幸せなのはわかるけど、じゃあ、100％幸せ？」と突っ込んでみるのだけれど、結果は常に同じで、「もちろん！ 100％幸せ。いや120％かな」という答えが返ってくる。日本人の僕は、100％の幸せなんて絶対に存在しないと思っていました。だって、もっと努力すれば仕事も増え、地位も上がり、給料も増える。それと共に幸せはもっと大きくなるはずです。だから、「80％の幸せはあっても、100％は嘘だ！ 今の状態を100％と言い切ってしまっては、進歩は何もない！」と、イタリア人に反論し続けました。

けれども、イタリア生活が始まって時が経つにつれ、このイタリア人の「100％幸せ」感を、僕も自然と感じられるようになってきたのです。それは、ほんの少し発想を変えて、自分に素直になりさえすれば、誰にでも簡単に感じられる幸福感でした。この単純なことを、日本からやって来た僕が納得するのに、5年という長い時間がかかりました。この、僕が経験したイタリア人の基本的生き様みたいなもの、僕が5年もかかって納得したものを、イタリア人である妻マリアンジェラには、どうしても語って欲しいと思いました。

日本の皆さんは僕と同じように、「100%の幸せなんか存在しない」と思っている方が多いのではないでしょうか。もちろんイタリア人の多くも、さまざまな問題を抱えて生活をしています。にも関らず、彼らは100%幸せと言い切るのです。

イタリア人は、楽しむ天才だとよく言われます。それは、「いま」を楽しく、明るく生きようとするからでしょう。同じ時の流れをいやいや過ごすのと、喜びをもって過ごすのとでは、まさに天国と地獄ほどの差が出て来てしまいます。

マリアンジェラは、料理、洗濯をする時も、階段を上り下りする時も、年中笑顔で歌を歌っています。家の中でも外でも、元気に明るく振る舞う姿は、誰をも生き生きとさせる。

イタリア語で「幸せ」は「フェリーチェ」(felice) と言います。イタリア人に会ったら「Sei felice? セイ・フェリーチェ？ (あなたは幸せですか?)」と尋ねてみて下さい。きっと笑顔で、「Sì, sono molto felice. シー・ソーノ・モルト・フェリーチェ (はい、とっても幸せです)」と答えが返ってきますから。

Capitolo 01

急がば遊べ？　のイタリア教育

L'EDUCAZIONE

夏休みの深呼吸

マリアンジェラ・ラーゴ

大人も子どもも待ち焦がれるのが夏休み。〝最良の季節〟です。毎年、私たち家族は、ミケーレ、エレナのI学期が終わるのを待って、翌日には私の故郷、北イタリアのブレーシャに向かいます。日本を出発して12時間ほど経つと、美しいアルプスの山々が広がり始め、それから数十分もすればミラノのマルペンサ空港に到着です。飛行機が着陸態勢に入り少しずつ高度を下げ始めると、私たちの気持ちはそれに反比例して、高揚していく。

赤味がかったレンガ色、黄土色に近いレンガ色……と、各家によって微妙に変化する同系色に統一された屋根瓦。イタリアが近付くにつれて、その美しい色合いが視界に広がってくる。その小さな感動が、何倍、何十倍、何百倍と胸の中で大きくなり、飛行機を降りた途端、私は、「ああ、夏休みの匂いがする」と幸せな気持ちになります。イタリアの空気に触れると、体がほっと息をつく。子どもの頃の夏休みの感覚が戻ってくる。私にとって、この時間がどれだけ大事なのかとわかった瞬間、大きく大きく、イタリアの夏の空気を深呼吸します。

私たち家族のイタリア旅行の目的は、観光ではありません。主人のピアニストとしての仕

眼下にアルプスの山々が広がってきた。
あと数十分で、ミラノ・マルペンサ空港に到着。

事であるコンサート、そして国際コンクールの審査を中心にスケジュールが組まれます。あとは昔からの友人たちとの再会があったり、家でのんびりと過ごしたり、気が向けばどこかに出かけたりと、普通の生活のリズムが、ただ日本からイタリアに移るだけという感覚で、特別なことは何も予定しません。

でも、地球の裏側に生活リズムを移すのですから、さまざまな事柄が自然と変化してしまいます。子どもたちが小さかった頃、日本では「もう暗くなったから、早く寝なさい」と、夜は必ず9時くらいに寝かせていましたが、イタリアの夏は夜10時頃まで明るく、外ではまだほかの子どもたちが遊んでいる声が聞こえてきます。ミケーレ、エレナの二人は、「まだ暗くないから寝ない！」と、庭に出て行ってしまう。「夜9時になったから寝る」という日本のリズムは、到着したその日から崩れ落ち、イタリア・バージョンにスイッチ・オン!!

そして到着した日の夜には、必ず近所の人から電話がかかってきます。「イタリアに着いたね！　コーヒーでも飲みに来て」と。でも、なぜ私たちがイタリアに着いたことがわかったのか不思議。近所の人にはまだ誰にも会っていないし、到着の日は知らないはずなのに……。尋ねてみると、「子どもたちの靴が入り口に並んでいましたよ」とのこと。なるほどね。彼らは、イタリアでも靴を自然と脱いでいたのです。日本では靴を脱いで家に入るけれど、イタリアでは靴のまま。小さい子どもたちに習慣の違いを理解させるのは、なかなか難しいのです。ようやく靴を脱がない生活に溶け込んだと思ったら、その頃には日本に戻る。すると彼らは平気で靴のまま家の中にあがってしまう。今となればお笑い話ですが、結構大変でした。

着いた翌日は、家族皆で、真っ先にスーパーに買い物に出かけます。野菜でも肉でも、その種類やディスプレイの仕方、量、何から何まで違い、楽しく新鮮に感じるひと時。まずは大好きなスイカを買うのが最初の楽しみです。イタリアのスイカは、上品な日本のサイズとは違い、巨大で子どもには持てないほどなんです！　スーパーの一角に山積みされたスイカの表面を叩いて熟れ具合を吟味すると、それを見ていたイタリア人も真似をしてスイカを叩く。

「どれが美味しいのかわかるのかい？」と声をかけられると、子どもたちは得意気に、「はじけるような音のスイカがいいんだ！」と、笑顔で会話が進む。するとあとから来た人々もスイカを叩き始める。ボコボコ、ポコポコ……。「どこから来たの？」「日本から」「日本はどんなところ？　私たちも行ってみたいけど、どのくらい時間がかかる？」と、人好きなイタリア人たちとの会話は止めどがない。清算でレジに行くと、また、「どこから来たの？」「え〜、日本から」「私、日本大好きなの」と笑顔で会話が始まる。ああ、これがイタリアだ！　ちなみに重さ12kgほどのスイカのお値段は、200円也。驚きの値段が、これまたイタリアですね！

昼の食事の前には、毎日パン屋へ焼きたてのパンを買いに行きます。そこでも小さかった頃のミケーレとエレナは人気者で、「また今年も帰って来たね。今回はいつまでいるの？　何年生になった？　イタリアの生活はどう？」と、お店の人が笑顔で声をかけてくれる。そして店を出る時には必ず、小さなミルク・パンを一つずつプレゼント。子どもたちは、この小さなパンをお目当てに、毎日パン屋へ買い物に行くのです。

二人の子どもたちは、イタリア生活の中でさまざまな経験を積んで、年々成長していきました。夏休みの間、近所の公園には子どもたちが集まって、ワイワイ、ギャーギャー賑やか。ある時、ミケーレもその中の一人になってすべり台に向かい、きちんと順番を待っていました。でも、いつまで経っても彼の順番は回ってこない。困惑した顔で滑り台の前に立ったまんまのミケーレが私の目に入ってきました。イタリアの場合、このままではいくら待っても順番は来ないんだけれど……。

すると、一人のイタリア人の子どもがミケーレに話しかけてきた。「君、そこで何をやっているの?」「滑る順番を待っている」「滑りたいのなら、滑ればいいだろう!」——そうしてミケーレを押しのけて下に滑り降りていく。それを見たミケーレは、意を得たりと隣の子を押しのけて滑り降りました。

それを見ていた私は、心の中でエールを送ります。(それでいいんだよ、ミケーレ! 国によって意志表示はかなり違うんだよ。イタリアではもっと強い自分にならなくては。頑張れミケーレ!)

娘のエレナは今でも、イタリアでの一番の楽しみは、おばあちゃんの家の庭で、犬のロッキーと1日中芝生に寝っ転がって遊ぶことらしい。母親としては、せっかくイタリアにいる

大好きな犬のロッキーと巨大スイカ。

スーパーにはスイカが山積み！
食材の買い出しだけでも楽しい。これぞイタリアの夏休み。

のだから、ローマやフィレンツェに行けば良いのに、と思うけれど。

夕食は、毎日のように庭でバーベキューを楽しむのも日本にはない習慣の一つです。子どもたちは火を焚くのを手伝うのが何よりの楽しみなようで、夕方から準備を開始します。I時間くらいかけて薪を用意し火をつけて、バーベキューを取り仕切る姿は、とても楽しそう。東京の街中・住宅地では煙を出してはいけない、火を出してはいけないなど、いろいろと規制が厳しいけれど、ここにはそんなものは何もありません。外でゆっくりと美味しい食事をして、食後は美味しく冷えたスイカやジェラートを食べる。ゆったりと流れる時間の中で、楽しく笑顔で今日を終えられたことに感謝する。最高の、だけど普通の、I日の終わり。

こんな毎日が私たちのイタリアの夏休み。特別なことは何もないのだけれど、何かリズムが違う。日本での生活にはない、のんびりとしたリズムが溢れている。人の笑顔に包まれてI日が終わる。なんてことのない小さな幸せに、ほっとする時間なのです。

仲良し３人!?　友人宅の愛犬チポッラ（Cipolla＝たまねぎ）と。

空白の時間が「自分」をつくる

マリアンジェラ・ラーゴ

イタリアの学校の夏休みは3カ月。6月中旬に学年末の終業日があり、新年度は9月中旬から始まります。宿題の多い日本の夏休みと比べて、イタリアの小学生の夏休みは、学校の勉強から一切解放されて、戸外でおもいっきり遊びます。もちろん宿題は出ますが、私が小学生の頃は(今でもそうだと思いますが)、終業日に担任の先生から、算数、国語、社会などが一つにまとまった薄い問題集が1冊手渡されるだけ。

少し賢い子どもたちが家に戻って来てまずやることは、机にかじりつき、夕飯を食べるのも忘れてひたすらその問題集を解くこと。全部解き終えたら、あとは鞄の中にポン！ それから3カ月間、一度も鞄のふたを開けることはありません。

翌日からは時間がたっぷり。今日は何をしようかな、と毎日子どもなりに考えながら自由に過ごします。本を読んだり、サッカーをしたり、自転車を乗り回したり、お料理をしたり……それぞれ、自分の好きなことに没頭するのです。

夏のイタリアの子どもたちは、皆、夜遅くまで家の前の道路でワイワイと遊んでいる。毎日そんな風ですから、夜のお風呂は大変。イタリアでは、浴槽にお湯を張ってその中で身体を洗うのですが、子どもが入ると、すぐにお湯が真っ黒！　一度お湯を入れ替えて二度入らないと汚れが落ちません。足のかかとのどろんこ汚れにいたっては、乾燥して肌の奥に染み込んでしまっているので、ゴシゴシ洗ってもなかなか取れないほど。だから子どもたちのかかとは、3カ月間、真っ黒のまんま。私の子どもの頃も、周りから、「おぉ、ここまで黒くなるんだ、すごいね！」と驚かれるほどでした。その黒さは、「これ以上遊べないほど、精一杯遊んだよ」という証。遊びながら、人間関係や力の使い方など、いろいろ大事なことを覚えました。

新年度の始業日が近付くと、イタリアの子どもたちは「もう十分に遊んだよ。だから早く学校に行きたい」と言い出します。あれだけ遊んでいると、今度は勉強したい。フルに充電された力が、新たな事柄に挑戦していくエネルギーになるのです。イタリアの秋、新学期の朝に、どの家庭でもマンマが子どもにかける言葉は同じ。――「靴は拭いたの？」

靴の白い埃、真っ黒なかかとが、イタリアの子どもたちの夏の勲章なのです。

でも、それはイタリアでの話。ミケーレ、エレナは日本の学校に通っているので、夏休みは約1カ月しかありません。「え〜、もう日本に帰るの？　イタリアの友達はまだ休みなのに……」「もっと遊びたいよ」と、いつも後ろ髪を引かれるように日本に戻って来てしまうので、私はとても心が痛みます。

学校が始まると、中学では部活動などで帰宅は夜の8時頃に。「ああ〜、お腹が空いた！」と、ご飯を食べたら、今度はお風呂に入って「はあ〜、眠くなった」と。1週間、そんな1日の繰り返し。このサイクルでは、子どもたちが自分自身のやりたいことを、じっくりと考えることは難しい。予定が一杯で、時間に埋没されていると思うのです。

イタリアには「死んだ医者より生きたロバのほうが良い」（Meglio un asino vivo che un dottore morto.）という諺があります。勉強し過ぎて病気になるよりは、少し控えても元気なほうが良い、という意味です。私もそう感じています。たくさん遊び、人間的に豊かになってこそ、良い勉強も仕事も出来るのだと思っています。「イタリア時間はのんびりし過ぎ」と思われるかもしれないけれど、3カ月の夏休み、それは宝物だと私は思う。メリハリをつけて時間を大事にする。これは大きな幸せにつながる、生き方の財産だと思います。

夏の北イタリア、フィナーレ・リーグレの海岸で砂に埋もれるミケーレ。

待つ教育

関 孝弘

イタリアでの夏休みを終えて日本に戻ると、当時小学校5年生だったミケーレが、「塾に行って勉強したい」と相談しに来た。「5年間、十分に遊んだと思う？」と僕が尋ねると、「うん、遊んだ」と、彼も素直に過去を振り返ってくれた。十分に遊んだという満足感があるから、子どもながらに少し勉強しなくてはいけないと思ったのでしょう。「じゃあ、1年間ぐらい塾に行って頑張れるよね」「うん、頑張る」と、スムーズに話が決まった。でも、彼は大変だったと思う。周りの子どもたちは何年もかけて受験の準備をしているのに対して、彼は1年で試験の回答技術を学ばなくてはなりませんでした。でも、それは彼自身が望んで納得していたことなので、まったく問題にはならなかった。結果、彼が行きたがっていた学校に入ることが出来たし、大学生になった今でも後悔はまったくせず、幸せに思っているようです。

僕たち夫婦は、子どもたちに「勉強しなさい」と言ったことはほとんどありません。本人がやる気にならなければ、何も意味がない、とマリアンジェラは完全に割り切っていて、この軸線を1mmも動かすことはありません。「だって、人から言われて、イヤイヤ机に向かって本を開いたとしても、頭は空っぽよ！　そんなのだったら、何もしていないのと同じ。だから勉強しろ、と言っても無駄。自分からやらなくては何でも無駄!!」と。僕もそんな彼女の考えに同感。これが、妻マリアンジェラが率先して行っている〝待つ教育〟なんだ、と思う。

マリアンジェラは子どもたちのテスト結果を見たら、どんな点数でも喜ぶ。たとえ50点の答案用紙を持って来たとしても、「半分も当たったたんだ。40点かと思っていたよ。良かったね！」。60点だと、「ウワー、半分以上取れたんだ。すごいね！」という具合。そう言われた子どもは、「……」と無言。決して良い点数ではないというのを、子ども自身も知っている。そして、子どもが80点を取って来ると、マリアンジェラは地球がひっくり返るぐらいの喜びを子どもたちに表す。本当にイタリア人はすごい。

ある時、娘のエレナが「ママ、60点で喜ぶのはウチだけだよ。皆、怒られて大変なんだから」と嬉しそうに話していた。「エレナのママが私のママだったらいいな、と友達が言っていたよ」とも。その時のエレナとマリアンジェラの、なんと幸せそうな笑顔だったことか。

子どもたちが小さかった頃、マリアンジェラは言葉の問題もあって、彼らの勉強を見ることが出来ませんでした。質問されても、彼女にはわからないことばかり。勉強はすべて子どもたち自身で頑張っていました。100％自分たちの力で取って来たテストの点数だから、彼女は何点でも良かったのです。子どもたちは中学生になっても、一人で勉強をして、親も驚くほどの良い結果を出していました。各家庭では、「勉強しなさい」と戦争が続くようだけれど、我が家は平和。

人間って何も強制されなければ、そして自分から必要性を感じれば、絶対に動き出すと思う。待つことは、親にとってはイライラして大変なことかもしれないけれど、子どもたちは絶対に自分からやり出す時が来る。それが早く来るのか遅く来るのかは、神のみぞ知る。僕たち親の務めは、勉強をさせることではなく、やる気を起こさせること!

ローンを組んでもヴァカンスへ

マリアンジェラ・ラーゴ

イタリア人は、家族がより豊かに生活出来るように仕事をします。暮らしに必要な経済を生み出すため、どの国でも人々は仕事をしなくてはなりません。日本の皆さんもそうでしょうが、イタリアでも喜んで仕事に行く人はそう多くありません。でも、仕事は仕事と割り切って、職場にいる間でも楽しく過ごそうとしているのがイタリア。

たとえば、同僚とはよく、家族の話をします。「○○さんの奥さんが熱を出している」「△△さんの子どもが結婚するそうだ」と、職場では家族一人ひとりのことが、よく話題になっています。仕事が終わってからも、家に同僚の家族を呼んで家族ぐるみの食事を楽しむ。そうすることで、奥さんは夫の職場に対する理解を深めます。

日本では、仕事の話は家庭に持ち込まないことが多いようですが、イタリアでは家族がそれぞれどんな人と仕事をしているのか、今職場で何が起きているのかなど、だいたいのことを知っています。場合によっては、同僚の家族は何人で、その一人ひとりの趣味までをも把握しています。それだけで、家庭の話題も増えますし、職場の雰囲気も温かくなるものです。

さて、夏のヴァカンスの時期が近付いてくると、イタリアの人々はいつも以上に、仕事、勉強を熱心にこなしていきます。長期休暇を取り、朝から晩まで家族と過ごすのはイタリアでは大事な習慣で、ヴァカンスを取らないと良い親じゃないとまで言われます。ヴァカンスは遊びに行くというよりは、心や体を休ませる大切な時間。短い日数ではなく、2〜3週間の休暇をまとめて取るのがイタリア流です。お金がなくともローンを組んでヴァカンスに行こうというほど、イタリア人にとってかけがえのない時間なのです。

8月15日がヴァカンスのピーク。その日は「フェッラゴスト」と呼ばれる祝日です。フェッラゴストとは、「聖母被昇天祭」、つまり、マリア様が天に昇ったとされる日です。農業の収穫が一段落して体を休めることが、紀元前から続く真夏の習慣だったようです。

ヴァカンス明けの職場は、自慢話で賑やか。「私はギリシャに行った」「僕はアメリカに行った」「今年は旅行ではなくてキャンプをしたから、今度の日曜日、家族皆さんで写真を見に来ない？」と。

小さい頃から、心や体のリフレッシュの大切さが刻み込まれているイタリア人。環境を変え、リズムを変え、心身共にリフレッシュする術を知っている。1年を通して生き生きと笑顔で過ごせるのも、このヴァカンスがあるからだと思います。ただ、イタリアも近年は経済的に本当に苦しくなっているようで、かつて1カ月ほどだったヴァカンスが2〜3週間になってきています。でも、2000年以上も続いている夏のヴァカンスの習慣、そう簡単にはな

アルプスの避暑地、ロレンツァーゴ村。
歴代のローマ法皇もたびたび訪れる風光明媚な土地。
フェッラゴストには、人々が十字架とマリア像を掲げて、村中を練り歩く。

くなりませんね。どんなに苦しくても自分たちの生きる糧のために、これからもヴァカンスは続いていくことでしょう。

健康な体には健全な精神が宿る、と日本でも言われますね。

孝弘から一言!

イタリアの8月は多くの店が閉まり、人々は海に山に出かけ、街は閑散としてしまう。それは、人々の留守を見計らって泥棒たちが活気付く物騒な時期でもある。彼らは各家に電話をかけまくり、長期的に応答のない家は真っ先に狙われる羽目に。庭に水が撒かれた形跡がなければ、引っ越し屋を装ったトラックで真っ昼間に堂々と乗り付け、家財道具を始めすべてを根こそぎにする凄腕たちもいる。

楽しいヴァカンスの裏には、こんな危険な面も待ち受けているのである。楽あれば苦あり?

自分だけの純粋な時間をもつ

関孝弘

ゆったりしたテンポで流れるイタリアの時間が好きです。夏のヴァカンスも素晴らしいけれど、毎週やって来る日曜日の匂いも大好き。朝の目覚めの時から、家の周りの空気が違う。朝食をゆっくり取り、今日は何をしようか？　と考える。

車も通らないし、人々の歩みも遅い。シーンとした静寂な空気に包まれるのが日曜の朝。キリスト教により、〝日曜日は安息の日〟と定められているのが肌で感じられ、なぜか心が落ち着き、肩の力が抜ける。そんな空気の中にいると、自然と自分自身を見つめているような瞬間がやって来ます。

学生の頃、日本では何もしないでボケッとしていると、家族にも先生にもすぐ怒られた。時間がもったいない、そんな無駄使いをするのならば勉強しろ、と。イタリア人は怠け者で遊んでばかりだと思い込んでいる人が多いかもしれませんが、何もしない時間がどれほど大事なのか、ということを彼らはよく知っている。

物事には、何もしないで放っておく時間、いわゆる熟成時間というのが必要ではないでしょうか。良い環境の元で何かが自然発酵して、時間をかけて熟成していく……。ただ放っておくのではなく、熟成するための良い環境を整える。僕にそれを教えてくれたのがイタリア人でした。

ずいぶん前のことになりますが、日本でのデビュー・コンサートに学生時代の友人が聴きに来てくれました。翌日、彼から電話があり、「関、お前、学生時代の演奏とかなり違ったな。なんでそんなに変わったんだ？」と聞かれた。自分では変わったつもりも、変えたつもりもないので、特別な理由など考えたこともありませんでした。「……う〜ん、そうだなあ……たくさん遊んだからかなあ」と答えると、電話の向こうでは「……⁇」と無言。遊んでピアノが上手になる訳はないだろう？　という気配がその無言から伝わってきました。

イタリアに行ったのだから、日本で得られない素晴らしい音楽教育を受けて腕を磨いたのだろう、と思うのは自然なことだと思う。でも、僕は音楽の先生から多くを学んだというよりは、周りのイタリア人、イタリアの生活環境から多くを学び、それが心の中で発酵し、熟成して、今の演奏があると思っています。

国際コンクールの準備で朝から晩まで練習をしていた時のこと。「ピアノから離れて、ちょっと外に出てジェラートでも食べに行かない？　近くには湖もあるし、アルプスもあるんだから。ピアノの前に座っているより、きっと何か得るものがあると思うけれど」と、マリアンジェラから言われ、無理矢理、外に連れ出されることになってしまった。こちらは遊んでいる時間なんてないし、(今はあなたにお付き合いしている場合じゃないのだけれど……)と思いつつも、(まあ、1日くらいは仕方ないか。女性を怒らせるとおっかないし)と、気も重くアルプスの山に出かけることになりました。

翌日、朝早く起きて車で2時間。アルプスの中でもオーストリア国境に近い、それはそれは素晴らしい世界です。遠くから風に乗って聴こえてくる教会の鐘の音、カウベルのカランコロン。音といえばそれだけ。目の前には3000mを超える山並み。機械音のない自然の音のみの世界が広がります。そんな空間に身を置いていると、人は本当に素直になれるもの。

昼の食事は、「スペック」と呼ばれるアルプス特産の軽く薫製された生ハム、そして「バゴス」と呼ばれるこれまた美味しい山岳地帯特産のチーズ、それからパン。実にシンプル、そして一番安上がりな食べ方。

「音楽って何、音って何? あなたは何を表現したいと思っているの?」と、パンをほおばりながら、僕に訊くマリアンジェラ。いつも彼女は遠回しながらキツイことをズバッと言う。まるで「あなたが今やっているような勉強ではダメ」とハッキリ言われたように感じた。

コンクールの練習で、音に押しつぶされそうになっていた自分には、この空間が必要だったのです。それから、静かで何もしない時間が。音楽で言うと「休符」。音楽が生き生きとした生命を持つためには、他方に無言の世界が存在しなければなりません。休符があって初めて、次に続く音は意味を持ってくるのです。マリアンジェラは、「休符」＝「間」の大事さをわからせようと、僕をピアノから引き離したのだと理解しました。

食事のあと、アルプスを前に再び考えました。きっと、呼吸をしなさいということなのだ。呼吸をすることは生きている証。浅い呼吸ではなく深く。どうして自分が生きているのか。その営みの中で、自分はピアニストとして、どういう音を出したいのか。

フィレンツェで見たボッティチェッリの有名な絵「ヴィーナスの誕生」を思い出しました。風の神ゼヒュロスが花の神フローラと一緒になって、口から花や動物を吐き出す。二人の温かな呼吸から、地球上の美が生まれた。それを僕は忘れていた。

ボケッと何もしていないような時間から生まれた悟りとでも言うのでしょうか。休みは怠惰の証ではなく、生きているという証。自分だけの純粋な時間を生み出すということは、人生の豊かさを生み出す貴重な時間だと思う。

イタリア人に個性と創造性の豊かなファンタジスタが多いのは、自分の時間を作り出せる自信と余裕、そして、豊かに楽しむ能力があるからだと思う。仕事などの社会的生活で自分自身の時間がむしり取られて、余暇をまともに考えることすら出来ないのが今の日本のリズムですが、緩急をつけて、それを少し緩めていきたいものです。

自分だけの純粋な時間を持つ。そこから初めて、人真似ではない、自分だけの個性が作られていきます。

ブレーシャから車で北へ2時間、3000m級の山々が連なるドロミーティに入る。
ユネスコの世界自然遺産にも登録された、雄大で美しいイタリア・アルプスの山群だ。

イタリアはソステヌート

マリアンジェラ・ラーゴ

ソステヌートという言葉を知っていますか？　音楽をやっている方は音楽用語として知る言葉です。でも、実は音楽用語というのは、日常生活の中で普通に使われている生きたイタリア語。そもそも音楽用語として捉えること自体が間違いですし、残念ながら日本の音楽界では言葉の持つ大事な要素も理解されていないようです。

ソステヌートは、「音を保って」と訳されていますが、大事なのは音をどのように保つのかということ。この言葉は本来、「下から上に支える」という意味で、落ちないように、倒れないように下からしっかり支えるという重要なニュアンスが含まれています。ですから私たち夫婦は、子どもを育てる時や人間関係では、この〝ソステヌート〟をとっても大事にしています。親として、子どもにはいろいろな教えをしていかなくてはいけませんが、私は「こうしなさい」という言葉は絶対に使いません。「私だったらこうする」とか、「こうしたら良くない？」という問いかけをする程度で、あとは子どもに責任を持たせて、子どもに決定させます。その決定が親の意に添わないことであっても、何も言いません。本人はあとで失敗するかもしれないけれど、その失敗も良い経験の一つになると思うからです。

自分の行動を誰かのせいにしないこと。これは、小さい時から学んでいくことが必要だと思っています。子どもと私は、同じ高さにいなくてはダメ。だって、子どもにも主張があり、意志があるから、それを尊重してあげなくてはね。


エレナが3歳の時の話。彼女は色の好み、こだわりが結構ある子なのですが、12月のある寒い日、どう見ても合わないコンビネーションの洋服で出かける準備をしていました。冬は暗い色の洋服が多いので、どれを選ぼうかと迷っていたエレナ。彼女が選んだのは、紺色の冬ズボンの上に、鮮やかな色の夏スカート。それを見た私はビックリ！　この格好で本当に出かけるのだろうか？　――「エレナ、これは夏のスカートだヨ、今の時期に着るものではないヨ」「でも、私はこれを着たい！」「じゃあ、鏡をよく見て。それでもいいと思う？　変だと思うけど……」

結果は、「やっぱりこのままがいい」。結局、その服装のまま、彼女は出かけて行きました。

また、彼女が幼稚園の時には、髪を結ぶゴムを、左右、色を違えて付けていたことがありました。「エレナ、色が違っていると笑われる」と注意すると、「いいの！　私はこれが好きなんだから」と答える。案の定、幼稚園に行ってみると、ほかの親から「エレナちゃん、髪ゴムの色が間違っているよ」というご指摘が……。でも、これは私の責任ではなくて、エレナ自身が決めたこと。私は彼女の意志をソステヌートしているだけなんです。この髪ゴムの小さな出来事によって、幼稚園中の親や子どもの間で、エレナの行動がちょっとした話題になりました。

ところが驚いたことに、その後、しばらくして幼稚園に行くと、園児たちの髪ゴムがエレナ・スタイルになっているではありませんか。ある女の子の髪ゴムは、右が緑、左がピンク、その隣の女の子は、右が白、左が赤……。もし、あの時、私が強制してやめさせていたならば、エレナの自由な発想を奪い、彼女にもストレスを残したのではないかと思う。そして、ほかの子どもたちにもエレナの自由な発想の価値が伝えられなかったと思います。やっぱり、自分の信じることは貫くべき。一人の行動がこんなに大きな影響を与えるなんて、本当にエレナはすごい！　と感じました。私はこれからも、エレナをもっともっとソステヌートしていこうと思います。

子どもをソステヌートすることは、自分の学びにもつながる。それは大人の世界でも同じですね。

コップ半分のジュース

関孝弘

イタリア人の父親、母親は、子どもの良いところを見つけて、とにかく褒める。特別に褒める材料がない時でも、良いところを見つけ出して、褒めあげて伸ばしていくのです。彼らにとっては、自分の子どもが一番可愛い、ナンバーワンです。イタリアの家庭を訪問すれば、必ずと言って良いほど子どもたちの話が出て来て、「うちの子は健康だ」「算数はいまいちだが、走るのは速いんだ」「友達がたくさんいていい子だ」とわが子を誇ります。他人から見れば、言うほど美人でもないなと思うこともあるのですが、イタリアの親は確信を持って、「私の娘が一番美しい」と褒め称えるのですね。ほかの家庭の内部事情なんか耳にも目にも入れません。自分の子どもが一番だから、左右は見る必要がないのです。

日本人から見れば、イタリア人は全員親バカに位置してしまうかもしれませんが、子どもたちも自分が親から世界一愛されていると実感しているので、大きな自信を持って堂々としている。

日本ではどうでしょうか。「あの子は有名な学校に合格した」「隣の家の息子は医者になって成功している」という評価をうらやましく思う方が多くありませんか。そのように常に、家庭でも学校でも相手から評価される対象で居続けていると、当然その評価に気を向けて依存するようになりますし、周りに対しても同様に厳しい目を向けがち。どちらかが上でどちらかが下、といつも比較されるとなると、これはストレスが溜まり続ける世界です。コンクールや受験では致し方ないとしても、家の中でもそうした空気にさらされ続けるのは辛いものです。

読み書きのテストで、10問中6問解答出来ると、「出来ないことが出来るようになった!」と、子どもを抱きしめて心から喜ぶイタリアの家庭に対し、「なぜ、10問すべて正解できないの。もっと勉強すべき、頑張りなさい」と言ってしまう日本の家庭。「こんなにも出来ちゃうなんて、すごいね」と言い切る、イタリア人ならではのプラス思考な物の見方は、僕には、物事の測り直しをする上で、非常に強みになると思うのです。たとえば、コップに半分のジュースを見て、「これだけのジュースしか入っていない」という論理と「こんなに入っているじゃない」という論理の違いがある。その違いを考えるだけでも、だいぶ物事の善し悪しが変わってきますよね。

イタリアの音楽院への初めての登校日。日本人が入学して来たという珍しさからか、多くの生徒が教室に集まっていました。

僕がドアを開けると、全員が立ち上がって歓迎の拍手。そしてすぐに質問の波が押し寄せ

関さんの通ったブレーシャ国立音楽院。
元は修道院（左側）を併設した宮殿で、1837年に建てられた。

てきました。「なんでこの音楽院を選んだ？」「日本の音楽院はどんな様子か」……云々。まだ言葉がよく出来ない僕が、一つ答えるにも大変苦労している中、ネクタイをして背広をきちんと着ている、一見先生タイプの一人が歩み寄って来ました。

「今、君は何を勉強している？」と、彼。「ベートーヴェンのソナタを勉強している」と答えると、彼は「おお、今、自分も同じ曲を勉強しているから聴かせてやる」と、ピアノの前に座ったのです。普通は逆で、まずは僕に演奏しろと頼むところですから、すごい自信に圧倒されてしまいました。（でも、演奏自体はあまり大したことはありませんでした……ザンネン）

レッスンでも、こんなことがありました。ある日、日本人の僕は前もって予防線を張って、「今週は体の調子が良くなくて、十分に練習出来なかったから、あまり上手く弾けない」と言ってから演奏した。でも、これは全部嘘。本当は勉強したのだけれど、まだ全然上手くいかないだけだったんです。それに対する先生の反応は今でも忘れられません。「練習しないでこんなに上手に弾ける？　お前はすごい奴だ。タカヒロ、もう少し勉強したらお前は天才だ！」と。そんなことは、今まで一度も言われたことがなかった。

もし、同じレベルの人が競い合ったら、きっとイタリア人が勝つだろうと、その時強く思いました。「ダメだから勉強しろ」と言われ続けた日本と、「素晴らしいぞ、もう少しやればもっとすごいぞ。頑張れ！」と言われ続けたイタリア。イタリア人に宿る自分への信頼というのは、子どもの頃から培われた筋金入りなのです。

空想を広げて

マリアンジェラ・ラーゴ

イタリアの教師たちは、教室の皆が自由に発言出来るような雰囲気作りがとても上手です。私の母は、35年間、小学校の教師をしていました。彼女から聞いた、とても印象的な授業の話があります。

イタリアの小学校は、美術や音楽の専任の教師がいるわけではありません。ある日の授業で、母は「世界中で一番美味しいケーキの絵を描いてみましょう」と課題を出しました。子どもたちはあれこれ考えて、思い思いの絵を描いていきます。イチゴのショートケーキ、チョコレートがかかったケーキ……。きれいで美味しそうなデコレーションケーキが描かれ、どの絵も皆、素晴らしいです。

全員の絵を見てから母が一番良いと選んだのは、からっぽの汚れた皿にフォークが一つだけ描かれている絵でした。そこには美味しそうなケーキの姿はありません。汚れたお皿にフォークが乗っているだけの絵。どう見ても上手な絵ではありません。私もこの絵にはビックリしました。

母が子どもに尋ねたところ、「だって、あまりにも美味しくて、ぺろりと食べちゃったの！」とのこと。美味しさの結果として、汚れたお皿とフォークの絵を描いた子どもの感性と常識破りの発想。この子、とってもすごいと思いましたが、この絵を一等賞に選んだ私の母も偉かった。発想のユニークさを認めて、クラスの子どもたちにも自由な発想を持つことが大事なんだ、ということを伝えていたのです。私はこの絵のことを今でも忘れることが出来ません。

反対に、日本で経験してビックリしたことがあります。義姉の子どもの小学校に行った時のこと。学校中の廊下に子どもたちが描いた運動会の絵が飾られていました。徒競走、玉入れ、綱引きなどの絵。皆さん上手。だけど不思議なのは、1年生から6年生まで、年齢が上がるに従って写真のように上手に描くようになるけれど、構図も色使いも、全部同じように描いてあるのです。これって、先生がこう描けと教えるの？　全員同じなんてあり得ない。でも、同じ……。なんて不思議な世界だろう。

イタリアの教育は、画一的な答えを出すことをあまり評価しません。いかに人と違った発想をして、その素晴らしさをアッピール出来るか、というところに、その人の真価が問われるように思います。真似は誰にでも出来る、ということなんですね。

私は、日本の音楽大学で、25年間イタリア語を教えています。ある時の授業で、母が出したケーキの課題をやってみました。相手は小学生ではなく大学生です。「何でこんな変な課題を出すの？　イタリア語の授業なのに」と、怪訝そうな顔をする学生たち。そんなのおかまいなく、私は「世界で一番美味しいケーキの絵を描いて下さい！」とイタリア語で言いました。すると、思っていた通り、全員、描いたのはきれいなデコレーションケーキ。

次の授業では、さらにイタリア流にＩ枚の絵を見せて、そこからそれぞれのイマジネーションを語ってもらおうと考えました。最初に見せたのは、森の中にある宮殿の絵。「この宮殿の扉を開けたら何があると思う？」と問いかけると、ほとんどの学生の答えは、「大理石の床の広間には大きなソファーがあって、壁には立派な絵が飾ってある……」。

やっぱりね。それはテレビドラマに出て来る宮殿の景色。ある学生には、「扉の向こうは描かれていないから何があるかわからない！」とまで言われてしまった。この学生は試験の点数も良くて優秀とされている子でした。１００点満点の回答も大事ですが、イマジネーションをもっと広げて欲しいと思ってしまう。扉を開けたらひんやりとした暗闇の森が続いていた、とか、開けた途端にストンと穴の下に落ちて、地球の裏側に出てしまった、とか。自分の頭をフル回転させて、見えないところには何があるのかと想像を一杯に膨らませて欲しい。

次に、男の子と女の子が肩を組んで歩いている写真を見せて、「この子どもたちはどこに行く？」という質問をすると、「わかりません」という答え。「どこでもいいんだよ、想像してみて」とフォローしても、学生たちはその先が答えられないのです。旅に行く、家に帰る、山に行く、何でもいいのです。「私はこう思う」と言えることが大事なのですから。

たとえ「あなたって、イマジネーション飛び過ぎ！」と笑われても、誰かが「へえ、そんな考えもあるんだ、思いもよらなかった」と応じれば、会話は楽しく発展して、思わぬ空想が広がっていくものです。

私は多様な発想を学生たちには期待していますが、今までのところイタリアの小学生を越える発想は残念ながらありません。自分の考えと違うからといって、それを否定して潰そうという小さな世界に甘んじるのではなく、お互いの意見を交えて、小さな翼を大きな翼にしていくほうがより豊かな生き方だと思います。

ラルゴ

関孝弘

イタリアで生活を始め、言葉の不自由さもなくなり自由にコミュニケーションが取れるようになると、大きな疑問が生じてきました。

それは、音楽界で何の疑問もなく使われている「音楽用語」。曲のイメージなどを演奏者に伝える、作曲家からのメッセージとして、ほとんどの作品にイタリア語で書き込まれています。その背景には、イタリアが18世紀まで音楽に限らずヨーロッパの文化全般を牽引する中心的存在であり、音楽の公用語がイタリア語であったという歴史的事実があります。音楽用語や楽語と言われると、専門的で難しそうな雰囲気が感じられますが、実は今でも日常で使われている生きたイタリア語なのです。

日本の音楽界では、アッレーグロ（allegro）は速く、ラルゴ（largo）は遅く、フォルテ（forte）は強く……などと訳され、誰もが疑いもなく使い、信じて演奏もしてきました。実は、ここに大きな落とし穴が潜んでいたのですが、プロもアマも含めて、それに気が付く人は多くなく、僕もイタリアに行くまではその一人でした。

アッレーグロというイタリア語には「速い」という意味は存在しません。本来の意味は、「楽しい」「陽気な」というような表情を表す言葉なのです。楽しくなればテンションも上がり、テンポもアップ。結果、アッレーグロの表情を表現するために、一般的には速めの速度で演奏するということになります。

同様に、ラルゴも「遅く」と訳されますが、本来は「幅広い」の意味。この幅は縦ではなく横の広がりを表しています。広々とした雄大な景色、空間を想像してみて下さい。きっと誰でも、遅めのたっぷりとした速度で演奏するのではないでしょうか。

それぞれの言葉はイタリアの日常のさまざまな場面で使われ、その本来の微妙なニュアンスを表現しています。アッレーグロは「楽しく陽気な人」とか「楽しい映画」、ラルゴは「見渡す限りの広い海」や「知識の幅広さ」などを表す時に使います。フォルテは本来、「筋力・精神の強さ」であって、音量の強さは意味していません。精神的な力強さなどを表すのが大事であって、単なる大声コンテストのように音量だけの問題ではないということです。

ほかにも、たとえばモレンド（morendo）という言葉。音楽用語辞典にある訳は、「音量と速度を減じて」となっています。本来の意味は「死んでいく」なのですが、一番大事な「死ぬ」というニュアンスが日本では無視されています。モレンドを「音量と速度を減じて」とパターン化してしまった場合、音量と速度を減らさずに演奏したらそれは間違いになってしまいます。記号化され、パターン化された世界では、まったく想像の翼が広がらない。それは大変危険なことです。死と言っても、安らかな死、苦しむ死、突然死などさまざまな様子があり、その表現にも多くの可能性が秘められています。もし演奏者の心に〝死ぬことは苦しい〟というイメージがあれば、音にはその苦しみが表れる。ひょっとすると強く演奏するかもしれないし、苦しむのだから速く演奏するかもしれない。それが個性につながっていくのです。

日本人のピアニストに対して、ヨーロッパでよく言われている言葉が「タイピスト」。パソコンのキーボードをカチカチと音を立てて叩く人、という否定的な表現です。それは、音楽の最も大切なイメージ、ファンタジーが欠如し、パターン化して、ただ、遅く・速く、強く・弱く、と物理的に音楽を捉えているのが大きな原因です。物理的な正確さだけを追い求めるなんて、実に空虚で意味のないこと。誰が演奏しても似たり寄ったりの優等生的な演奏は、存在する価値がありません。

言葉の持つニュアンスは無限です。どんな喜び、どんな広がり、どんな強さなのか……。広い海辺の風景には、人が歩いているのか、夜なのか昼なのか、春なのか秋なのか？　と、いくらでも想像の翼は広がり、イメージが生まれてきます。そのイメージを音にしていくのが演奏家の務め。作曲家が残したメッセージから、言葉の持つ意味を素直に受け取り、そのまま伝えれば良いのです。

仮に、日本の作曲家が楽譜に「しんしんと降る雪のように」と言葉を記したとします。大事なニュアンスを無視して、単に物理的結果だけを捉えた翻訳をすると、それは「遅く・弱く」となってしまう。日本人であれば、「しんしんと降る雪」が持つ世界観は「遅く・弱く」だけではないということをよく知っている。その音には、さまざまなニュアンス＝孤独、寂しさ、暗さ、静寂などの表現を取り入れなくてはいけません。そのような言葉が、地球の裏側のヨーロッパで、「遅く・弱く」なんて訳されていたら、「それは違う！」と異議を唱えたくなりませんか？

その言葉本来の意味が持つニュアンスを感じて欲しい、想像して欲しい、という気持ちを込めて、僕とマリアンジェラは何年か前に、共著で『これで納得！　よくわかる音楽用語のはなし』、『ひと目で納得！　音楽用語事典』（共に全音楽譜出版社刊）の2冊の本を書きました。その後は、日本の音楽界も少しずつ、音楽用語へのアプローチに目を向けるようになり、少しずつながら変わり始めているのを感じています。

心の音が音楽です。想像の翼を広げて飛び立つのが音楽の世界。音で始まり、音で終わる。音は言葉であって、ハッキリ意見を言わないと、聴く側には伝わりません。その感じ方はさまざま。表現もさまざま。日常生活でも、きちんと自己を表現できないと、相手には理解されませんが、芸術の世界でもそれは同じ。

どんな分野であっても、人間のする仕事には、「こころ」がなくてはいけないと思う。生きている証である温かさ、息づかいがあってこそ、人々は感動するのです。心が動かされる音には、演奏家の心が詰め込まれています。

イタリアの教育は考えさせる

マリアンジェラ・ラーゴ

イタリアでは、学校カリキュラムに関する法的な決まりごとが少なく、かなりの部分が各校の判断に任されていて、それぞれの学校が自由な発想のもとで教育を行っています。さらに各学校長はクラス担任に授業を委ねているので、教員の方針や考え方によって、授業の形態や成績の付け方などは大きく変化してきます。意識的に問題を提案して、結論を導きだそうとする教員もいれば、誰かがふと口にした言葉を糸口にして、皆から意見を引き出そうとする教員もいて、そのパターンは多様です。

そんなわけで、毎日毎日、予定されたように授業が進むわけではありません。私は今でも、小学校の時のクラスで起きたことをよく覚えています。ある日、泣きながら学校に遅刻して来た生徒がいました。担任がその子に「どうしたの?」と問いかけると、「パパとママが、I週間もケンカしている。悲しい。もう家には帰りたくない」と言う。すると、それを聞いたほかの生徒が、「大丈夫だよ。僕のお父さんとお母さんも、よくケンカするけど、いつも仲直りするよ!」と。そこからは、クラスの皆が加わって、ああでもないこうでもないと、両親のケンカについて話し合いを始め、１時間目の授業はすっかり中断してしまいました。

またある日のこと、教室で、クラスメート同士が取っ組み合いのケンカを始めました。すると、そのことについて、クラスの子どもたちが議論を始めたのです。

——「Mくん、なんで殴った？」「アタマにきたから」「腹がたったら、殴っていいの？」「殴ったのは悪かった。でも、あいつがひどいことを言ったから」「Sくん、なんて言ったの？」「『このクソ野郎。お前のババアが作ったこのキモいバッグなんか、ぶん投げてやる』って」「あんた、そんなひどいことを言ったの。私も許せないわ」「汚い言葉だった。……ゴメン」

教師は、相手の立場になって物事を考えるという、広い視野を養うことを心がけているので、個人的な問題であっても生徒同士でどんどん意見交換をさせる。子どもたちにとっては、話せば話すほどお互いの理解が深まるし、問題解決の糸口もみつかる。これは、教育の場であっても、家庭の場であっても、人間同士のコミュニケーションの基本と言えるでしょう。

イタリアにはキリスト教の精神が深く根付いています。〝生まれつき悪い人間は一人もいない。なぜなら、人は皆、神様の子であるから〟という考えからすべてが出発しています。間違った道に走ってしまった人がいたとすれば、それは必要な時に周りの人たちの手助けが足りなかったからで、周囲にも大きな責任があると考えるのです。ですから、先生は、問題を起こした子を悪いとするのではなく、その子が問題を提起してくれたのだと子どもたちに伝えました。「ケンカをしてくれたMくんとSくんのおかげで、また一つ、皆の心が育ちました」と。あの子は悪い子だ、問題がある子だという不必要なレッテルを貼らない。それは、人としてとてもとても大事なことです。

エレナがイタリアに短期留学した年の夏休みに、彼女のクラスメートたちが、ある友人の家に集まりました。私たちも日本から来ているということで、彼らの親や校長先生までが駆けつけてくれたのですが、イタリアで人が集まれば、当然ながら議論が始まります。

その日は、ある生徒が落第させられたことが話題になりました。落第した子の父親はカラビニエーリ（イタリアの国家憲兵で、警察官のような仕事も行なう。イタリア人の間では間抜けなイメージがあり、いつも笑い話のターゲットとなる）で、教師から、「カラビニエーリの息子」と言われたことで、彼が激怒したことが事の始まりでした。教師に対する態度が悪いと、〝品行不良〟という評価になり、そうなると、イタリアでは試験の成績に関らず落第になってしまうのです。

その場にいた生徒からは、「カラビニエーリという言葉でバカにした、教師の発言が原因だ」「挑発されたからと言って、カっとして失礼な態度をとってはいけない」「感情的にならずに、冷静になって、目上の人にはきちんとした言葉遣いで対応すべきだったのではないか」など、いろいろな意見が出ました。彼らの意見には、「教師の態度は許せない。間違った態度だ」というものが多く、落第は絶対におかしいという結論にまとまりかけました。すると、それを聞いていた親の一人が、「今ここで、教師が悪いと言ったところで何も意味がない。友達を落第させたくなかったのなら、なぜ、その場ですぐに校長先生のところに、クラス全員で行かなかったのか」と疑問を投げかけました。その時に皆がもっとよく考えて行動をしていれば、違う結果になったかもしれないという示唆を、議論の中で与えた訳ですね。

日本では、このような議論を展開する機会はあまりないと思います。意見を出したところで、問題が複雑になるだけ、という意識が働いてしまうのか、どうしても発言を控えてしまうようです。余計なことは言わないでおこう。巻き込まれて面倒になるのは嫌だから、と。でもそれでは、ダメ。他者への思いやりは育たず、人間関係も狭いものになってしまうのではないでしょうか。

イタリアの高校生は、自分たちの生活や権利を守ろうという意識がとても強いです。18歳から選挙権を持つため、政治にも大きな興味を持っていて、よくデモ行進もします。自分のために考え、連帯し、行動すること。そこから、あなた自身の人生が始まるのだと思います。

口頭試問

マリアンジェラ・ラーゴ

大学の授業で、ざわつき始めたクラスを静かにさせるために、ずっと使い続けている大変効果的な方法があります。「皆さん、何か質問はありますか？」――この一言で、急に学生たちは下を向いて、教室の空気はシーン――。小さい声で講義をするという小ワザを使ったりもしますが、彼らを静かにさせるには、この方法が最適です。

私の授業では、すべての会話をイタリア語で行い、日本語は一言も使いません。皆、最初はちょっと戸惑っていますが、すぐに慣れて、1年も経つとかなり話せるようになります。毎年、新年度の最初の日には「どうぞ、自分の気持ちをハッキリと表情に表して下さい。授業が楽しかったら笑顔で、つまらなかったらつまらない表情で、是非、私にわからせるようにして下さい。私はそれを見て授業の形態や進め方を考えます。そのほうが皆さんのためになるでしょう？」

さらに追い討ちをかけるように、私は次のフレーズを必ず伝えます。「試験は、口頭試問のみにします」。すると、「え〜、何それ？　そんな試験はやったことないですよ〜！」と、学生たちは皆、混乱気味。「何か、質問はありますか？　思うことがあったら何でもおっしゃって下さい」——そう私が切り返すと、彼らは無言。

もしもイタリアで、「あなたはそれについてどう考えていますか？」「何か質問ありますか？」などと学生に尋ねたりしたら、それはもう本当に大変なことになってしまう。「僕はこう思う」「私はそうは思わない」と、こちらが投げかけた言葉に相手が反論して、授業がいつのまにか熱心な議論になり、収拾がつかなくなります。イタリア人は論理的な思考を展開させるのが得意なのです。

イタリアでは、家庭はもとより大学までの教育課程（イタリアでは、小学校5年、中学校3年、高校5年、大学3年、大学院2年という教育課程になっています）において、自分の考えをハッキリと述べられる人間を育てることを目指しています。学校での試験方法は、筆記試験と口頭試問、そして実技試験という三つのグループに分かれており、中でも重要になってくるのが口頭試問での判断です。自分の意見、考えをきちんと整理して表現出来るかどうかを、先生はそこで試します。

イタリアでは教務上の判断が各教員に一任されているので、口頭試問のみで試験をする先生もいれば、筆記試験と合わせて成績を付ける先生もいます。しかし、筆記試験のみの点数で成績を付けるということはほとんどありません。私の中学・高校時代は、毎日、すべての科目の授業で、冒頭の20〜30分ほどが口頭試問に充てられていました。大きな心配事は、その日、誰が指名されるのかがまったくわからないこと。毎日、先生が名簿を見て勝手に決めるのです。ということは、毎日試験に耐え得る準備をしていないと大変なことになる。１日も油断が出来ません。当てられた生徒は、先生の前に進み、クラス全員の前で、口頭試問を受けます。もし、とんちんかんなことを答えれば、生徒全員から失笑を喰らうという二重の苦しさを味わってしまう。昨日まで学んだことすべてが試験範囲。それも、単純な質疑応答だけで終われば良いのですが、先生は必ず、「教科書ではそう説明されているけれど、あなたはどう思いますか？」と尋ねてきます。「ナポレオンは、イタリア最後の都市国家、ヴェネツィア共和国を１７９７年に倒しました。歴史の上では、ナポレオンの偉業とされていますが、あなたはどのように見ていますか。この侵攻は正しいものだったでしょうか？　あなたが違う解決策を探すとしたら、どんな行動を取りますか？」

このような質問に対しては、教科書を丸暗記したところでまったく意味をなしません。教科書には書かれていないことを自分の頭で考え、整理し、意見を明確にすることを求められているのです。もし、教科書に書かれている歴史に対して「反対である」ならば、その論拠を示して、相手がわかるように説明をする。これは座って聞いている生徒にとっても、復習時間として大変有効に作用しますし、「こんな考え方もある」と、他人から学ぶ姿勢を育てる機会にもなります。

今日当たったから明日の授業では呼ばれないだろう、と安心していると、そこはちゃんと裏をかいて連続で指名されたりすることも。本当にこの口頭試問、私たちにとってはスリリングなものでした。先生と生徒というI対Iの面接ではなく、クラス全員が聞いている口頭試問は、個の確立、つまり「自分軸」を形成していくのに大きな役割を担っています。

イタリアでは原則的に、高校を卒業していれば誰でも、どこの大学へでも、自由に入学することが出来ます（最近、学部によっては、人数制限をしたり、入学前に一般教養を試す簡単なテストをする大学も出て来ましたが）。その代わり入学後は、学生たちは膨大な量の勉強をしなくては、試験をパス出来ないのが現状です。試験で口頭試問を実施する場合は、試験終了後、すぐにその場で教授から点数が伝えられ、生徒がその点数に納得すればそれで決まりですが、その点数では不服という時には、「申し訳ありませんが納得出来ないので、もう一度受け直します」と白紙に戻すことが可能なのです。拒否しても特別に白い目で見られることはなく、「わかりました。じゃあ、次回また頑張って下さい」と、教授も普通に応じてくれます。このような形で一つずつ単位を取得していき、最後の卒業試験では、複数の教授連から卒業論文に対して厳しい口頭試問が浴びせられて、それを乗り越えれば、めでたく卒業となります。

日本では、教育課程の中で、意見を述べる時間がもっともっと取り上げられるべきだと思います。自分の意見をきちんと表現出来るということは、その人の考えが確立しているということ。さまざまな意見があるから、世の中活気があって面白い。さまざまな色が混ざり合うと、単色よりも美しい、深みのある独特の色が仕上がります。

近年のイタリアでは、学校教育に関する法律がよく変わり、学校側も対応が追いつかず、かなり大変な状況が続いています。試験の方法などは時代と共に少しずつ変化していますが、口頭試問はそう簡単に消え去ることはないでしょう。なぜなら、ヨーロッパ最古の総合大学は1088年設立のイタリアのボローニャ大学ですが、その時代から口頭試問は続けられているのですから。当時は今とは違い、学生が優れた先生を探して雇っていました。ひょっとすると、学生が先生に口頭試問をしていたかもしれませんね。

現代は世界が小さくなり、国境がなくなりつつあります。国によってさまざまな考え・習慣があり、自分の考え、意見をきちんと伝えられないと、相手には理解されません。お互いの意志をハッキリと述べ合い、尊敬し合って、学び合う。それには、まず、きちんと意見を述べられる教育、そして意見を聞き入れる社会が必要ではないでしょうか。

孝弘から一言!

イタリア人全体の大学卒業率ですが、30〜34歳の年齢枠では22.4%と、ヨーロッパの中で一番低い数値を示しています。ちなみに、ヨーロッパの平均値は37%、ドイツは33.1%、フランスは44%、イギリスは47.1%です。さらに大学入学者中の卒業率もイタリアは45%とかなり低く、半分以下の学生しか卒業出来ていません。日本はトコロテン式ですから、入学者のうち91%の学生は卒業しています。そして、卒業前に就職活動をする学生の比率は日本88%、イタリア22.6%です。

イタリアの大学を卒業するのがいかに難しいか、この数字からもよく見えてきますね。(出典:Eurostat 統計2013年より)

夢を追い求めて

マリアンジェラ・ラーゴ

世界中どこでも、仕事を見つけるのが大変困難な時代に突入しています。イタリアの失業率は、日本の約3倍の数字を示しています。2014年8月のイタリア国立統計研究所(Istat)の発表では、イタリアは12.3%、日本は3.5%でした。この数字は、調べ方によって微妙に変化してしまうかと思いますが、イタリアでの就職は簡単ではないのが現実です。

イタリア人の若者たちが仕事を選ぶにあたって、まず大事にするのは、自分の好きな、やりたい職業を選ぶ、ということです。そう簡単には自分のやりたい仕事は見つかりませんが、彼らは、見つかるまで出来る限り頑張るという意志が強い。そうなると、ますます就職浪人が出て来てしまいます。

日本では、企業のブランド性や給料が良いなどの理由で、自分の人生を選んでしまう場合が多いようですが、イタリアでは、まず夢を追い求めるのです。在学中に就職活動を始めるという学生は少なく、自分の将来の夢に向けて始動するのは、大学終了間近になってからです。

私たちの親しい友人に、最後まで夢を追いかけて成功を収めた人物がいます。彼は大変貧しい家庭に育ちました。父は製鋼所の労働者、母はお手伝いさん。毎日の食事もままならず、靴も買えず、裸足の生活を強いられ、苦しい少年時代を送ったそうです。第二次世界大戦直後の当時は、どさくさにまぎれての自転車泥棒が多いのに目を付けて、家の中に駐輪場を作ったりして、少しでもお金の足しになればと苦労を重ねた家族でした。

自転車だらけの部屋で育った彼は、幼い頃から乗り物に興味を持つようになり、「大人になったら絶対に最先端の乗り物を製造する」という夢を抱きました。その夢はお金がなくて長いこと果たすことが出来ませんでしたが、彼はその大きな夢を決して捨てませんでした。勤めをしながら学校に通い、やっとの思いで会社を設立。将来は必ずエコロジーの時代が来ると考え、当時ヨーロッパで存在していなかった電動バイクを製造して、会社を一流のメーカーにまで育てあげたのです。

今、彼はヴェネツィア近郊の宮殿に住んでいます。「昔の貧しい生活があったから、自分は夢を持つことが出来た。夢があったから、どんな壁にぶつかっても頑張れたんだ。自分の手で夢をつかんだ時の喜びは、計りしれないものだったね。だから、苦しかった子ども時代には感謝しているよ」と、よく私たちに語ってくれます。貧困をくぐり抜け、その日その日を夢中で生きた彼のエネルギーは素晴らしいと思います。

夢を追い求めた友人のチェーザレとミケーレ、エレナ。
彼の持つアルプスの別荘で、草刈機を庭中乗り回す。

息子のミケーレは、今、大学3年生。周りはそろそろ就職活動を始める頃でしょうが、私は、彼には幅広くいろいろな経験をして、好きなことを見つけて欲しいと願っています。彼は、18歳の誕生日に消防団に入団しました。救命講習に参加していた時に、60歳の消防ボランティアの人と知り合ったのがきっかけのようです。自分も人のためになれればと、彼なりに考えての決断でした。私の祖父もイタリア白十字から救命救助の活躍によりメダルを受けていますので、そんな血もひょっとすると彼の中に流れているのかもしれません。

その後、ミケーレは、サッカーの審判員の資格を得たり、夢を追い続けた前述の友人と一緒にモーターボートに乗ったのをきっかけに、小型船舶操縦免許証を取得したり、積極的にさまざまな経験を積み重ねています。「人生は長い。好きなことを一杯やって！　急ぐことはないよ」と、私は彼に声援を送っています。

イタリアではキャリア教育は行われておらず、また、親が医師、弁護士だから子どもも同じ職業につく、という慣習もあまりありません。孝弘がピアニストなので、「お子さんたちは、お父さんからピアノを習っているのでしょう？」とよく質問されますが、答えは「ノー」です。すると皆さんは、「え〜、もったいない。こんなに素晴らしいお父さんがいらっしゃるのに！」と言われます。子どもたちは音楽は嫌いではないと思いますが、興味もそんなに示しませんでしたので、強制して音楽を勉強させることはしませんでした。ミケーレが、フルートを楽しみ程度に吹くぐらいです。

自分の心に反して人生を決めてしまうのは不幸の始まり。まず、自分が幸せになることから出発しない限り、夢をつかむことは難しい。好きなことをやれば、絶対に壁は乗り越えられるし、たとえ失敗しても誰にも言い訳をする必要はない。責任転嫁もないのです。

「誰のものでもない、あなたの人生だから、元気で楽しく」と、そう思いませんか。

僕を開眼させた一言

関孝弘

もうずいぶん前のことですが、世界で最も人気のあるピアニストの一人、クリスティアン・ツィメルマン*と出会ったのは、ミラノのコンサート・ホール「サラ・ヴェルディ」でした。

イタリアでの僕のマネージャー、シルヴァーノが彼と大変親しく、まだ暑さの残る9月、紹介状を持って楽屋を訪ねました。彼はサンダル履きのラフな格好で、まだリハーサル中。その終了を待って、「初めまして、日本のピアニストの関孝弘です」と挨拶すると、彼は、「初めまして、あなたの話はシルヴァーノから聞いていますよ。まだ、開演までに少し時間がありますから、コーヒーでも一緒にいかがですか?」と誘ってくれる。僕は内心、(えっ、こんな大スターが気軽にコーヒーを飲もう、なんて声をかけてくれるんだ)と、感激の至り。

彼はポーランド人で、史上最年少の18歳という若さで世界最高峰のショパン・コンクールに優勝して、一躍世界のトップ・スターの一人にのぼりつめたピアニストです。おごりのない、実にシンプルで、真摯な人柄。10歳でニーチェを愛読書としたらしいと、シルヴァーノからは聞いていたけれど、気難しさなど微塵もない。そんな紳士的な態度に魅了されるのか、世界中に多くのファンがいる。カフェでの楽しいひと時を共にしたあと、「またお会いしましょう」と約束して、別れを告げました。

それから2カ月後の、寒さが増す晩秋のある日、ツィメルマンが僕の住むブレーシャの劇場、テアトロ・グランデで演奏会を開催するスケジュールになっていたので、その前日に、彼が僕の演奏を聴いてくれることになりました。

僕は彼の前でシューマンの「謝肉祭」を演奏し、当然ながらそのあとでアドヴァイスをお願いしました。「何か欠点、直すところがあったらご指摘下さいますか？」。すると彼は、「大変素晴らしかった。何も言うことなんかありませんよ」。これは社交辞令？　とも思われる当たり障りのない言葉。そんなはずはないでしょうと、もう一度尋ねる。「あなたに聴いてもらって、大変光栄に思います。是非、何かアドヴァイスを」。すると、「では、一つだけ言わせて下さい」と静かに語り始めてくれました。

——皆、誰もが「アドヴァイスを」ということでご自分の欠点を尋ねてきますが、それは間違いだと思います。欠点というのは、私よりあなた自身のほうがよく知っているのではありませんか？　一つだけ私が言えることは、あなたはまだ自分の長所にハッキリと気付いていないのではありませんか？　ということ。私にもあなたにも欠点はあるのです。欠点は絶対になくなりませんよ。ですから、長所を大きくして欠点を隠せば良いのです。——

これは僕を開眼させた一言でした。常に哲学的に自己を深く見つめているツィメルマン。100回のレッスンを受けるより、この一言が目から鱗となったのです。自分の長所、特徴はどこにあるのか？　そこにはなかなか気が付きにくいものです。人間、自分の悪いところばかりを見て、それを直そうとする。ツィメルマンが言うように、欠点は誰でもハッキリと自覚している。でも長所は何となくおぼろげな感じで、浮遊しているようで、曖昧。自分の長所はこうだ、と言い切れるだけの強い自覚を持てば、それが個性につながり、人を納得させる強いインパクトが生まれるのだ。

一級品、本物には、揺るがない核がある。それは「人は人、自分は自分」という軸を常に持ち、自分自身の長所に気が付いているからなのだと、僕を悟りのような境地に近付けてくれたツィメルマンの一言。僕はこの言葉を座右の銘として、今でも心に秘めて演奏しています。

＊クリスティアン・ツィメルマン（1956〜）
ポーランド生まれのピアニスト。世界のクラシック音楽界で、現在最も高い評価を受けているピアニストの一人。ピアノの構造に関する造詣が非常に深く、コンサートには入念に調律したピアノを持ち込んで演奏することで知られる。

ピアノの修理も自ら行ってしまうというツィメルマン氏。
来日時にもピアノ倉庫で音楽を語らった。

褒めること、教え過ぎないこと

マリアンジェラ・ラーゴ

私の母は、編み物、刺繍、料理、何でもよく出来る女性です。でも、母から「マリアンジェラ、あなたもそろそろ編み物を覚えたら」などと言われたことは、一度もありません。何も言われないと不思議なもので、逆に自分から、「私もやりたいな」という気持ちになるものです。小学1年生の頃、私はクロス・ステッチで、ドナルドダックのコースターを作ってみたいなと思いました。「マンマ、刺繍を教えてくれない?」と、私が口にしたとたん、母はすぐに刺繍道具を取り出して、「やりましょう」と教えてくれました。私が言い出すのを待って、母は準備していたのです。

ステッチ刺繍が出来るようになると、私はもう、面白くて面白くて、夢中になって、夜遅くまで居間のテーブルの上で刺繍をしていました。そうしてある日、「わあ、出来た!マンマ、見て」と、ドキドキ、ワクワクしながら、完成した刺繍布をテーブルから持ち上げると、あらら……テーブルクロスまで一緒に付いてきてしまった……。刺繍の芯地とテーブルクロスを縫い合わせてしまったんですね。

「怒られてしまう、どうしよう……」。すると母は、「まあ、マリアンジェラ、よーく出来たわね。とってもきれい！」と、縫い合わせてしまった部分のテーブルクロスをハサミで切り取り、そのまま刺繍の芯地にしてくれました。「大丈夫、これは古いテーブルクロスだから心配しないで」と言って、その刺繍を、玄関の一番よく見える場所に飾ってくれたのです。

私はこれを機に、レース編みや毛編み物なども母から教えてもらって、今でも続けています。失敗を叱らずに、上手に刺繍が出来たことを褒めてくれた、あの時の母はとても素敵だった。今でもその姿は私の心に刻まれていて、刺繍や編み物などを始めると、心が自然と安らいできます。

反対に、高校の英語の授業では、どんなに努力しても教師から厳しく叱られ続けました。その結果、私は未だに英語を聞くと、そのことを思い出して、気持ちが悪くなってしまうのです。

たとえ失敗しても、〝今まで出来なかったことが、出来るようになった〟ことを評価して、褒めて、喜ぶ。その気持ちは子どもに伝わり、子どもは自分の出来るところをもっと見せようと、どんどん力を発揮する。その経験は、将来の大きな宝物になると思います。

長男のミケーレは、幼稚園に入るまで、イタリア語の会話だけで育てました。一方、妹のエレナは、生まれた時から日本語とイタリア語を織り交ぜての生活。彼女にもイタリア語はきちんと教えたかったのですが、私のほうからはあえて、「エレナ、イタリア語をやろうよ」という風には、声をかけませんでした。

するとある時エレナが、「ママ、私にはイタリア語は教えてくれないの？」と言ってきたのです。私はその言葉をずっと待っていたのですが、「今は忙しいから、あとでネ」と、もう少しだけ我慢。その後も彼女は諦めずに頼みに来たので、「じゃあ、教えるよ」と、そこからようやくイタリア語の勉強が始まりました。

私は、その時、一つの工夫をしました。エレナの様子を見ながら、楽しい、嬉しい気持ちがピークになった時に、必ず「はい、今日はこれで終わり！」と切り上げるのです。彼女は、「ダメダメダメ。もうちょっとやりたい。一番いい時じゃない。もうちょっとやって！」と言うのだけれど、「悪いけれど、今日はもう時間がない」という口実で、その日は終了。次の日になると、「ママ、イタリア語やりたいよ。いつやるの？　やろうよ、やろうよ」と、催促してくる。彼女のやる気が高まっているのが伝わってきます。

もしもあの時、私のほうが頑張ってしまい、懸命にイタリア語を教えようとしていたら、きっと別の結果になったのではないでしょうか。もっとやりたいという気持ちを燃やし続けさせることが、本当の学びにつながると思っています。

〝教え過ぎない〟ことは、教育においてとても大事な要素です。この〝やり過ぎない〟という心理作戦は世界中で使われていて、テレビの連続ドラマが、まさにその心得に則っていま

リネンにも手製のレース。作ってから35年経っても、凛として美しい。

ピアノの譜面台カバーと鍵盤カバーも手製。
イタリアでは薄手のフェルトがなかなか手に入らないので、
ビリヤード台用の布を知人から譲ってもらった。

す。「もうちょっと知りたい」「どうなるかな？」と盛り上がったところで、「次回に続く」と、サッと幕を閉めてしまう。これはすごく上手いやり方だと思う。どうなるのか知りたいから、次回も必ず時間を作って見ようとします。もし、すでに続きがわかっていたならば、時間がない時には、まあいいかという気持ちになって見ないでしょう。

やりたい・知りたい・聞きたいという欲求は、与え過ぎてしまうと簡単に消えてしまいます。成長を期待するのならば、先回りや教え過ぎは逆効果、絶対にやってはいけないことです。

私の子どもたちは日本の学校に通っていますが、教師たちは、ありがたいぐらいに一生懸命です。本当に、教えて、教えて、教えてくれる。教師が持っている知識をすべて子どもに注ぎ込んであげたい、という想いが伝わってきます。そこまで熱心に向き合ってくれて、親としてはありがたいことなのですが、反対に、〝知りたい〟という欲求が芽生えるスペースを、子どもたちから奪っているような感じもします。

教育者は、子どもそれぞれが持っている才能を引き出す作業をしなければならないと、私は思います。教師も親も、子どもが持つ才能を引き出すことが役目。そして、子どもは自分の才能を精一杯、発揮することが役目。その才能を引き出すことが出来れば、親も「満足、嬉しい」という気持ちで子どもと接することが出来るし、子どもも、「やったぁ」「出来た」という満ち足りた気持ちを経験することが出来るのです。

本気の値打ち

マリアンジェラ・ラーゴ

私の父は音楽が大好きでした。音なしの時間が1分もないぐらい、我が家では必ず音楽が鳴っていました。クラシック音楽だけではなく、いろいろなジャンルの音楽を父は聴いていました。その影響もあったのでしょう、私も音楽が大好きです。

小学3年生の頃、私は「ピアノを勉強したい。ピアノを買って欲しい」と父にお願いしました。すると、父は怒った顔で、「とんでもない。あなたは音楽というものがわかっているの？　音楽は芸術の一つ。そんな軽い気持ちで接してはいけません。反対です」と言いました。私は父が喜んでくれるとばかり思っていましたので、なぜピアノを習うことがいけないのか、どうして反対されるのか、わかりませんでした。

父は最終的には、「ピアノは絶対に買わないけれど、レッスン代は出してあげる」と言ってくれましたが、練習にはどうしてもピアノが必要です。私は絶対にピアノを勉強したかったので、どうしようかと考えた末、近所のピアノを持っている友達の家に行き、そのお母さんに相談しました。「私はピアノの勉強をしたい。でも、お父さんがピアノを買ってくれないので、私にピアノを貸してくれませんか。練習するために通わせてもらえませんか？」。すると彼女はすごく喜んで、「ええ、もちろんいいわよ。うちはピアノがあるのに誰も使わないから。マリアンジェラ、いつでも来て！」と、温かく了解してくれた。

両親は、私が友達の家のピアノを借りて練習していたのは知っていたと思います。でも、おそらく私のピアノへの思いがどれほどのものなのかを測るために、あえて何も私には尋ねませんでした。私も両親には何も話さずに、ピアノの練習に通い続けました。

それから1年ぐらい経った頃、父が私と一緒にピアノの先生のところにやって来ました。「マリアンジェラはどんな生徒ですか？」と父が先生に尋ねると、先生は、「ピアノを持っていない生徒は彼女だけなのですが、マリアンジェラは一番良く出来るんですよ。なんでこんなに上手に弾けるのか。あり得ないですよ」と答えました。それを聞いた父は、「わかった、わかった。ありがとう、本当にありがとう」と先生にお礼を言うと、そのまま私の手を引いてまっすぐ楽器屋さんに行き、ピアノを買ってくれたのです。

私の本気を、父は1年かけて見ていたのだと思います。

孝弘から一言！

イタリアは音楽の源流の国。日本でも使われているドレミファソ……実はこれはイタリア語です。中世の時代に、現在の五線譜の元となる四線譜がイタリアで考案され、このドレミが誕生しました。ピアノはフィレンツェで、ヴァイオリンは僕たちの街ブレーシャ郊外のサロで生まれました。オペラもイタリア発祥なら、世界初の音楽院もナポリで誕生しました。そんな芸術の国であるにも関わらず、ピアノを持っている家庭は非常に珍しく、習っている人もほとんどいません。でも、皆、音楽は大好きで、深い尊敬の気持ちを持っています。

Capitolo 02

イタリア人の価値観——徹底した自分軸をもつ

L'INDIVIDUALITÀ

バラを胡蝶蘭にしようとする悲劇

マリアンジェラ・ラーゴ

私の故郷、イタリアでは、子どもが持って生まれてきた才能を、神様からいただいた「種」のプレゼントとして、とても大切にしています。始めは何の種かわかりませんが、それぞれの子どもたちの種が立派な花になるまで見守り、育てるのが親（大人）の責任。「バラよりも胡蝶蘭のほうが優雅で美しい」と思い、バラの種を胡蝶蘭にしようとしたら、それは悲劇の始まりだと思います。

「一生懸命に手をかけたのに、胡蝶蘭にならなかった」と、親は考えがちですが、そう考えた時から不幸せが生まれてくると思います。バラの種が立派に成長して、美しいバラの花を咲かせれば、親は心の底から喜ぶべきです。

子どもに授けられた種には、同じ物は一つもありません。ですから、その種をほかと比べること自体が出来ないし、意味がないことです。どんなに良い種があったとしても、良い土壌、栄養を与えないと美しい花は咲かないというのは、誰もが知っていること。

世界には、いろいろな花があってきれいです。胡蝶蘭しか存在しない世界はモノトーンですし、その美しさは発揮されません。違う花があるからこそ、それぞれの美しさと特徴を改めて感じることができるのです。

私には二人の子どもがいますが、それぞれ違う性格と良さを持っています。その二つの世界をもっともっと美しく、大きく花開かせてあげるのが、親の責任だと思っています。親が子どもの姿を認めて喜びを表せば、子どもにもその気持ちは伝わって、大きな自信が芽生えます。子ども自身が自分の特色を知り、自信を持てば、さらにのびのびと自由に成長することが出来ます。親も子どもも、自分は隣の花とは違うのだ、という自覚を持つことが大事です。

最後に大きな美しい花を咲かせるのは子どもたちの力です。私は、その手助けを出来ることを、とても嬉しく思います。

私は、小さい頃から大変活発な女の子でした。友達は男の子がほとんどで、一緒にサッカーのジュニア・チームに入って夜遅くまで毎日練習に明け暮れていました。女子は私一人だけでしたから、「女の子なのに……」とよく言われましたが、サッカーが大好きだったので、ほかの人から何を言われても、サッカーをやめようとは一度も思いませんでした。

そんなある日、男の子の友達がケンカをしました。「マリアンジェラ、今すぐ来て助けてくれないか」と、その子の仲間が私のところに来て、緊急ＳＯＳ。私はすぐその場に駆けつけ、相手の男の子を怒鳴りつけ、足蹴りの攻撃。体を張ってその男の子を守ったのを、今でもよく覚えています。私は柔道もやっていたので、「マリアンジェラは恐いぞ」と、誰も立ち向かってくる子はいませんでした。今思うと女ボスみたいで少し恥ずかしいですが、子ども時代の思い出は楽しいことばかり。

そんな女の子だったので、未だにお化粧をしたり、お洒落をしたりすることにはまったく興味がなく、洋服を買いに行くとなると、憂鬱になってしまうほどです。いつもは自分軸がぶれない私なのですが、日本に来てからというもの、「相手の方に対してお化粧していないと失礼になる」という周りの意見に影響されて、外出する時には時々お化粧をするようになりました。しかし、慣れていないこともあるし、心からやりたいと思っていないからか、あまり上手に出来ません。お化粧した自分の顔を見ると、不安というか、弱さを見ている感じがして、嫌で仕方ありませんでした。

ある時、主人の演奏会で、娘のエレナから「お化粧しないママのほうが好き。だって、本当のママだから」と言われ、私はドキッとしました。飾らない、本当の自分が一番良いのだ、という原点を、幼い娘から改めて教えられた気がしたからです。それ以来、主人の演奏会も、講演会も、食事会も、どこに行く時も、私は素顔のままで出かけるようになりました。時間も節約されるし、本当に楽。

私の妹は、反対に小さい頃からお化粧が好きで、お洒落な子でした。だから、お化粧をし

1974年、所属チームが市のサッカー大会で優勝した時の1枚。
マリアンジェラさんは下段、右から二人目。一番左は監督を務めていた父。

ているのが彼女の本当の姿だと思う。心からそれが一番だと思えることをするのが、その人にとって自然なことだと思います。

ほかの人と比較して考えるのではなく、自分の気持ちに嘘をつかない。そうやって自分の心の筋肉を鍛えていくと、自分軸も自然と太くなり、揺れ動かなくなってきます。

赤は赤、黒は黒

関孝弘

イタリアに行った当初、いつもイヤな思いをしたのが、コンサートに対する批評である。必ず最後に付いてくる言葉があるからだ。それは、「東洋の日本人が、西洋の音楽をよく理解して素晴らしい演奏をした」というもの。悲しいかな、ヨーロッパはこういう物の見方をしているんです。僕は声を大にして言いたかった。「舞台にカーテンをして、誰が演奏しているかわからないようにしたら、あなたは『これは日本人の演奏だ。こっちがヨーロッパ人の演奏だ』と当てられるのか」と。

でも、考えるに、もし歌舞伎をイタリア人やドイツ人が演じたとしたら、同じようなことを僕たち日本人も言うのではないだろうか。世界は小さくなったとは言え、まだまだヨーロッパと東洋は遠いと思う。でも、こんな愚痴を言っていても何も変化しないし、では、どうしたら良いか、というのを考え続けている。

僕は、マリアンジェラと結婚する時に一つの約束をさせられた。「絶対、音楽のサラリーマンにはならないで」と。そして、「イタリアでは、音楽の才能は選ばれた人だけに天が授けるものと考えているから、仕方なく仕事としてやるのではなく、自分の信じる表現を自信を持って最後までやって欲しい。これだけは守って」と言われた。そして、「あなたは絶対にイタリア人にはなれない」とも。

それぞれの国はさまざまな要素によって成り立っていて、歴史、宗教、気候……すべてが違う。その環境の中に生まれ育ったのがその国の国民。イタリアに生まれ育っていない僕はイタリア人にはなり切れないのだから、イタリアの全部をコピーするのは大きな間違いであるし、不可能なことだと思っている。イタリア人の妻を持って初めて、ヨーロッパの壁を越えようとするのではなく、それを自分のアイデンティティと融合させようと思うようになった。日本にはイタリアにはない素晴らしい感性があるのだから、日本人にしか出来ない表現の中にイタリア的なエッセンスを散りばめれば良い。そうすれば、二つの文化が融合し、イタリアよりすごい物がきっと出来上がるに違いない。

「赤は赤、黒は黒。赤が黒になることは絶対にない」と、マリアンジェラは言う。僕たちはそれを自覚した上で、赤に黒を混ぜ、より美しい色を作り出す努力を続けている。

ブレーシャの劇場、テアトロ・グランデ。席数は1146。
プッチーニのオペラ「蝶々夫人」はこの劇場で大成功を収め、世界へ羽ばたいた。
1984年3月5日、関さんもこの由緒ある劇場でデビュー。

あなたはどう思うの？

マリアンジェラ・ラーゴ

ある日、イタリアに6年間留学している生徒さんが私のところへ相談に来ました。「イタリア人の作曲家の恋人が出来て結婚したいのですが、日本の両親に反対されています。マリアンジェラ先生、私はどうすればいいのですか」——彼女は、将来について迷っていました。彼女がイタリアに残るか、彼が日本に来るか？　でも、日本では彼の仕事は全然ないし、彼女の両親は結婚に反対している……。

私自身、日本人ピアニストと恋愛をして、国際結婚をしています。日本に来た当初、日本とイタリアの結婚に対する考え方の違いに驚きました。お見合いという形式、家を継ぐために養子に入る、○○家の嫁になるなど、聞いたこともないことばかり。

「ご両親に反対されませんでしたか？」と、たくさんの日本の方からよく質問されましたが、私の結婚に対して、家族とはいえなぜ反対するのかと逆に私は理解出来ませんでした。イタリアでは、家族がその結婚を心配して意見を述べるということはあっても、結婚をやめさせようとすることは絶対にありません。男性と女性が巡り合い、恋におちて、この人と一緒に生きていきたいと思う。たとえ、どんなことがあっても、この人と人生を歩むと言えるのが、正しい気持ちだと思う。

母は、私と孝弘が結婚することをすごく喜んでいましたが、同時に大きな寂しさも感じていたはずです。孝弘との結婚が決まってから、私は何回も母と話し合いました。「遠い日本で生活するのは大変だと思うわよ」と言う母に、私の気持ちは変わらないし、孝弘と一緒に日本へ行って、私たちの家庭を作りたいという強い気持ちを伝えると、母は「あなたが決めたことなんだから、それじゃあ頑張ればいい」と言ってくれた。私の人生なのだから、いくら親であっても踏み込めない世界があるというのを、きちんと理解していたのだと思う。

私は一つだけ、その生徒さんにお願いをしました。「私の話は私の話です。親というのはあなたのためを思って言っているのだから、ご両親とたくさん話して、あなたの本当の気持ちを伝えたら？　そうすれば、きっとお互い理解し合えると思う。そして最後にもう一度、あなた自身でよく考えて、自分自身で決めたほうがいい」と。

大好きだから結婚するのと、結婚しなくちゃいけないから結婚するのとはまったく違う。たくさんの人の中から、たった一人を選んで結婚するのです。誰かに言われたからではなく、自分で決める覚悟をもって、あなた自身の人生を生きて欲しい。いつか、「あの時、彼と結婚していれば、私は幸せになれたはずなのに」とか、「両親の言った通りにすれば良かった」とだけは、思わないように。

私自身、言葉、文化の違いなど、乗り越えなければならない壁はたくさんありましたが、自分が選んだ道、自分が選んだ人、自分が選んだ国だから、そこから逃げずに解決してくることが出来ました。自分で考えて決める。そうすれば、誰の責任でもなく、恨みも後悔も残らない。そんなことを小さい時から繰り返していれば、きっと大きな力につながっていきます。

イデンティタ

関孝弘

イタリア語で「個」を表現する言葉の一つに、イデンティタ（identità）があります。日本語でぴったりと当てはまる表現を探すのは少し難しい言葉です。日本では自我を表す言葉である〝アイデンティティ〟が親しまれていますが、イタリア語のイデンティタは、いろいろな分野でさまざまな意味合いにとられる、非常に微妙な言葉です。

イデンティタを辞典で調べると、「自己同一性」「自己存在証明」となり、なかなか哲学的で難しい雰囲気が漂ってきます。最近、よく使われているIDカードのIDとは、このイデンティタを略したもの。日本では、IDカード＝「身分証明」ですが、このイデンティタに含まれている大事な要素は、「本人識別」であって、日本語に訳された「身分」とは少しニュアンスが異なります。これは「他者とは違う自分自身であるところのもの」であり、「人が一個の人格として存在し、自分の特質をハッキリと自覚する」ということをも意味しています。

日本語の口語には、この種の単語がほとんどありません。ということは、イデンティタという自分だけの特質概念があまり意識されていないということになるのかもしれません。日本の社会では、自分の個性を出す必要性がないという事実の反映なのでしょうか？

グループの中にいる時、日本人は一生懸命に周りの人と同化しようとします。「私は私だ」と主張する姿勢はあまり見られませんし、異議を唱えることも望まれません。日本人にとって個の主張は不協和音の始まりであり、子どもの頃から集団の中で個の埋没を教育されているように思えます。

それに対して、イデンティタという言葉が口語化しているイタリアでは、誰もが他者と自分の違いを強調しようとします。同姓同名が何人いても、「私」は、私一人しか存在しません。自分をほかの誰でもない存在であると認識する。その基礎となるのが、イデンティタという概念です。特に音楽を含めた芸術の世界では、その人のイデンティタが最も大事な要素の一つとなるのです。

「出る杭は打たれる」と日本では言われますが、イタリアでは逆に、「出る杭は大事にされる」のです。杭が出なければ、どうしたら出るようになるのかを考えます。いろいろな杭を出させて、皆で深く議論し、吟味することによって、さらに素晴らしい杭となることを目指します。イデンティタという概念が社会にきちんと根付き、認められているイタリア社会では、たとえ自分の個が打たれたとしても、それは当たり前と捉え、相手よりさらに強い個を打ち出そうとします。自分より優れた人間は都合が悪いから潰しにかかるというような陰気なジェラシーではなく、イデンティタの確立した世界では、常に素晴らしい個を育て上げよという姿勢があります。

数年前、ヴェネツィア郊外のとある大企業が、世界中から集めた若者たちに何人かずつのグループを組ませ、自由に好きなことを研究させるというプロジェクトを始めました。そのプロジェクトの期間中、若い社員たちは定期的に行われる各グループの経過発表をじっくりと検討し、議論を戦わせます。企業側は個と個のぶつかり合いをあえてさせることにより、さらなる素晴らしいアイディアが彼らの中から生まれてくるのを待つのです。そのプロセスを数年間かけて行い、熟成させたところで、最終的に一番素晴らしいと思われる研究を取り上げて商品化するというこのプロジェクト。これはまさにイデンティタが理想的に発揮されている例ではないでしょうか。世界中の個が集まり、新しい物を作り上げる。そのために企業は数年間黙って待つ。これはなかなか、出来そうで出来ないことです。

伝統を否定することなく、常にその上に新しい物を積み重ねて来たイタリア人。その新しさこそが「出る杭」なのです。そのためには自己の特質のハッキリとした表現、イデンティタが必要であることを彼らはよく知っている。日本人は日本人としてのイデンティタを持って、さらに幅広く世界中の文化と交わっていくことが必要だと思います。

幸せに気付く心

マリアンジェラ・ラーゴ

数年前、イタリアで、あるサッカー選手の人生が話題になりました。話題の人、ピエルマリオ・モロジーニ選手は、15歳の時に母親、その2年後に父親が死去。さらにその翌年には障害を持つ兄が自殺し、あとには同じく障害のある姉と彼の二人だけが残されるという多くの不幸に見舞われました。

そんなモロジーニ氏ですが、常に笑顔を絶やさず、自らを「こんなに幸せな人間はいない」と言い、明るく振る舞う人物でした。ある時、神父さんが「あなたはこれほどまでに大きな不幸が続いたのにも関わらず、どうして乗り越えられたのか？」と尋ねると、彼は「嘆いているよりも、心からお礼を言わなくてはならない友人が多くいたからなんだ。どんなに苦しい時でも自分は一人ではなく、友人たちが手を差し伸べてくれたので、前に進むことが出来た。自分にとって、今、生きていることは当たり前ではなく、1日1日を大切に過ごしている。私の家族は生きることさえ出来なかったのですから」と答えたそうです。

そんな彼もサッカーの試合中に倒れ、25歳の若さで亡くなってしまいましたが、彼の生き方にイタリア中が感動し、「幸せは日々の中に隠されている」ということを、多くの人に気付かせてくれました。

人生、その先に何があるかは、誰にもわかりません。最悪の事態、たとえば病気にかかるなど、時には不当とも思える出来事が起きてしまうこともあるのです。そんな時は、どうして私だけがこんな目に遭うのかと思ってしまう。しかし、誰にでも思いがけない試練は起こり得るものです。どんなに悪い状況であっても、モロジーニ氏のように、自分の周りにあるほんの小さなことに価値を見出すことが出来れば、その気持ちが幸せへと導いてくれるのです。

幸せになるためには大げさなことは必要ありません。幸せはどこにでも存在しています。ただ、見えていないだけなのです。今の自分に納得して素直に受け止める。つまり、今のままで良いのです。特別な幸せを求めるのではなく、小さな出来事に幸せを感じることが大事だと思います。

人生は、毎日１ページずつ足されていく物語のようなもの。旅と同じで、始まりと終わりがあって、中身の濃さが大切です。綴ることが何もない旅は、意味がなくなってしまいます。旅は楽しいものです。日々巡ってくる新鮮な時間、出会いを大切にしましょう。

今日も元気だ、よく眠れた、食事が美味しい……当たり前と思えることをこそ、十分に味わって。そして、いつも、周りで起きていること、周りにいる人の良い面を見るように心がけて、気に入らないこと、失礼なことがあったとしても、気にしないことです。怒ったり、気にしたところで解決には至らず、ストレスが溜まるばかりですから。自分に問いかけてみて、その原因に心当たりもなく、何も出来ることがないのであるならば、そのことは忘れてしまったほうが良いのです。

現在がなければ未来は存在しません。過去は過ぎ去ってしまった時間で、未来はまだ来ていない時間です。あるのは、現在という時間のみ。現在が良ければ、良い過去を積み上げていくことが出来ますから、その二つの積み重ねによって、素晴らしい未来を形作っていけるはずです。過去は、同じ失敗を起こさないためのもの。でも、縛られ過ぎないで。なぜなら、未来に対してブレーキがかかってしまいますから。〝いま〟の自分をしっかり見つめることです。

また、自分が失敗をした時に「運がついていなかった」「運命だった」というのは、失敗や出来なかったことへの、言い訳に過ぎません。すべての成功も失敗も本人次第です。「私は出来ない」という言葉は「私は望まない」という言葉の置き換えに過ぎません。自分は何をしたいのかをよく考えて、それを実現するためには全力を尽くすべきです。いろいろな壁が障害として立ちはだかると思いますが、その壁は、その人の気持ちの強さを試している壁であり、その人を強くさせるためのものです。大切なのは諦めない気持ちです。悩み過ぎないことです。

自分の夢に向かって、〝いま〟の時間を上手に歩んで行けば、その道筋には小さな喜び、幸せをたくさん見出すことが出来、最後には大きな喜びへとつながっていきます。幸せは小さな喜びの積み重ねなのです。

失敗しても良い、新しい時間が用意されているのだから。明日があるのだから、何回でも出来るまで続ければ良いのです。

悩みに直面した時、「自分は必ず幸せになれる」と強く思い、そして声に出して「なれる、なれる、ぜったい、なれる」と言い続けてください。そうすれば不思議と、幸せが、体全体に満ちてきます。

マリアンジェラはよく眠る

関 孝弘

マリアンジェラは、本当によく眠る。僕たちがどんな問題を抱えて悩んでいようが、夜には僕の横で安らかに眠る。そんな姿を見ていると、時にはイライラして、ベッドをわざと揺らして起こそうとすることもある。彼女はそれでも平気で、安らかに眠り続ける。「こんなに大きな問題があるのに、よく眠れるね！」と、強い口調で問いかけても、「じゃあ、このまま起きていたら問題は解決するの？　何も変わらないでしょう。だったら私は今はゆっくり寝て、明日考えるよ」と、3秒後にはまた、安らかな眠りにつく。

問いかける僕をよそに、もうとっくに眠ってしまったマリアンジェラを見ていると、確かに、この場で悩んだところで何の解決にもならない。いつまでもウジウジと優柔不断に悩んでいるのも、なんだかバカくさいように感じ始めるのが不思議だ（でも、彼女も一緒に悩んでくれれば、少しは気持ちが楽になるのになぁという気持ちも……）。

そんなこんなで悩んでいるはずの僕も、いつの間にか安らかに？　眠りこんでしまう。「考えるより始めから眠ってしまうほうが、何倍も幸せでしょう」という彼女の言葉を思いながら。

マリアンジェラさんが子どもの頃使っていた常夜灯。
切れ長の目からジャッポネジーナ（日本の小さな女の子）と命名していた。
のちの日本との縁を暗示するかのよう。

――「孝弘、睡眠はリセット・タイムよ」と、夢の中でマリアンジェラがささやく。眠るって、そういうことだったんだね……Ｚｚｚ

何か問題が起きたら、まずは寝て、頭の中をゼロにリセットしてから考えれば良い。眠れば、良い対策案が生まれてくるかもしれないし、翌日にはひょっとすると悩み事自体を忘れているかもしれない。問題の渦中にいる間は、誰でも夢中になって現実を冷静に見られないものだ。

マリアンジェラ（Mariangela）という名前は、マリア様（聖母）とエンジェル（天使）が合体して出来上がっている。ということは、我が妻マリアンジェラは、常にマリア様と天使に護られているのだ。どんな時でも本当によく眠るマリアンジェラの姿に納得。

マリアンジェラから一言！

私は嫌なこと、悩み事があっても、夜はすぐに眠ってしまいます。疲れた頭であれこれ考えても、あまり良いことはありません。よく眠り、すっきりと新鮮な気持ちで物事に向かい合ったほうが、より良い結果が出ると思います。心配し過ぎるのはやめて、夜はきちんと睡眠を取るのが一番です。

90歳のしわ

マリアンジェラ・ラーゴ

自分のしわ、シミ、白髪などを実際に鏡の前で見ると、その現実にいつもドキッとさせられます。（そんなはずではないのに……いつの間にこんなになっちゃったの？）と、多くの女性たちが気に留めてしまう。自分が想像しているよりもずっと老けて見えたりして、願望と現実のギャップに戸惑うのですね。もちろん私もその一人です。

ある日、知り合いの老婦人が私の家に遊びに来ました。90歳のお元気な姿を囲んで、家族で記念写真を撮ろうと思ったら、彼女は少し困った表情になり、小さな声で言いました。「しわがあって、ごめんなさい」。「どうして？」と聞くと、「こんなにしわのある顔では写真を台無しにしてしまうから、私は入らない」と……。歳を重ねれば誰にでも自然にしわが出来る。しわが刻まれた顔は、その人が長く生きてきた証。それは誇りであるはずなのに。

日本女性の多くが、美白やダイエットのことに多大な時間を費やしているのは、もったいないと感じます。女性同士が集まれば、お肌やダイエットの話。そういった女性層を目がけて、テレビも美容系の番組を多く組み、よりいっそうの消費をあおるかのようにコマーシャルの連射を続ける。「こんな私は嫌い。もう隅から隅まで、シミだらけ。このままでは人前に出られないわ」――そんな女性のコンプレックスが消費を生み出す一つの要因になるからでしょう。

人間の美しさが外見の美しさにあるとすれば、それは、物質的な美しさを追い求めているということです。家や車といった外側の格好良さを追い求める傾向は誰にもありますが、人間は物ではないのです。心というとても大事な世界があって、その美しさがその人個人の美しさを決めています。

歳を取るのを恐れるということは、外見の美しさが損なわれるのを恐れるということ。ありのままの姿でいるのが心細いと思うのなら、それはとても悲しいことです。外見上の変化を気にしても仕方ありません。それは男性も同じ。髪の毛が薄くなり、少なくなっていくことを恥ずかしく思う必要はないのです。歳を取るのは自然現象であって、外側に何の変化も起きないほうがかえって不自然ではないでしょうか。もちろん外側の美しさも大事だとは思いますが、外側に重きを置けば置くほど、年齢と共にストレスは確実に増えていくことになります。その点で、イタリア人の多くは、日本人よりも老化に対して諦めが強いのかもしれません。

人の外見は神から与えられた物であり、それを変えるというのは容易ではありません。年齢との戦いには限度があり、どんなに努力したところで、50歳の人は20歳の人の肌や筋力を

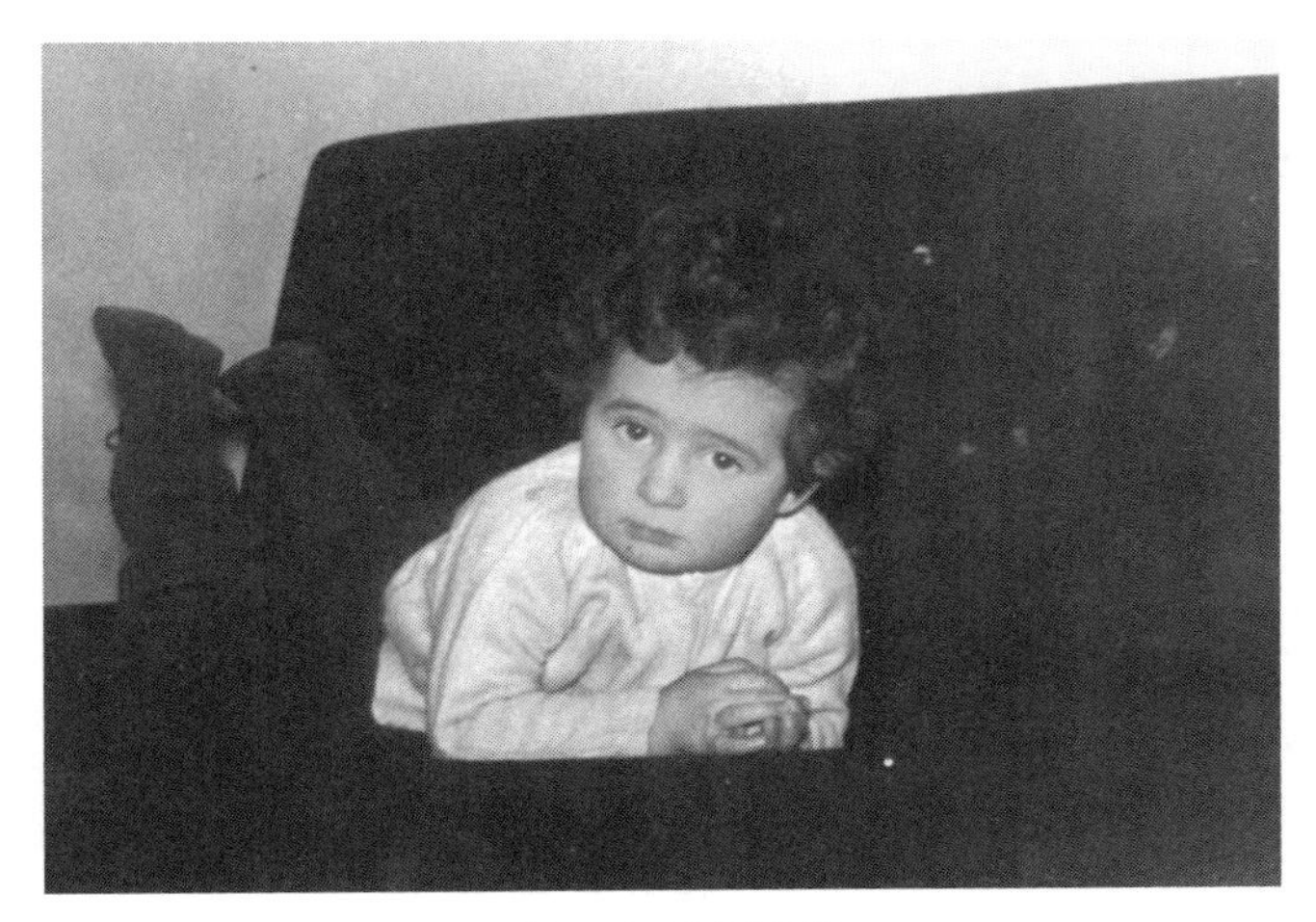

マリアンジェラさん3歳。

手に入れることは出来ません。自分の努力次第で大きく変われるのは心の持ちようだけです。
私の身長は高くありませんし、特別にやせてもいません。背を10cm高くしようとしても、それは無駄な努力です。私は「こういうものだよ。仕方がないね」と思うだけ。世界でただ一人の私であるし、この姿は、神様から与えられた私の形。

つい最近、うっかりして階段で滑って転んでしまったのですが、お尻の周りに付いていたお肉のおかげで、ボヨンボヨンとよく跳ねました。「太目で助かった。階段から落ちた時でも、肉が守ってくれるんだ……。もしやせていたら、骨が折れていたかも」と、冗談ではなく、本気でお尻周りのお肉に感謝しました。

母が、子どもの頃から私によく言ってくれたイタリアの格言があります。――〝高い香水は小さい瓶に入っている〟(Il profumo più costoso sta nelle boccette piccole.)――「小さいほうが高級とされていて、より良い香りなのよ」と。

この言葉のおかげで、私はどれだけ多くのコンプレックスを善なるものに転換させることが出来たでしょうか。あるがままの自分とより良く付き合っていくためには、親の果たす役割も大きいようです。

お若いですね

関孝弘

「お若いですね。全然お変わりにならないですね」と、よく声をかけられる。多くの人は喜ぶかもしれないが、僕はそう声をかけられると、一瞬戸惑う。そして、「そうですか、全然進歩していないから」と、皮肉って返事をする。若い人に向かって「お若いですね」なんて誰も言わないのだから、その言葉の本当の意味は「あなたは年寄りよ」。従って僕は年寄りで、その割には若く見えますね、ということです。もちろん、相手は悪い意味で言っているのではなく、逆に褒めているのだろう。お元気ですね、と。

外見はさておき、僕の心の中は、今でもまだ大学を卒業したばかりのような感じなのです。学生たちから見れば、もう僕はおじさんなんだろうけれど、その中身は毎日が楽しくて仕方がなかった子どもの頃のままだと思う。

歳を隠すつもりはないけれど、言う必要もないと思う。でも、新聞記者からは必ず「何歳ですか」と尋ねられ、その数字が紙面に載る。（なんで、そんなに歳にこだわるのだろうか？　そんなのどうでもいい）と思っている僕に、マリアンジェラはよく、「あなたはもう骨董品になり始めているのだから、壊れないように気を付けなくちゃ」と言う。「現実を見なくちゃ。新車のようには動けないのが、中古車なんだから！」とまで言う。

それでも、まだまだ若いつもりでいる僕に、彼女は今の僕の素晴らしさを盛んに説いてくれる。「今のあなたのほうが昔より素敵よ。心の余裕が全然違うよ。こんなにたくさんの人を、音楽で癒すことが出来るなんてすごいと私は思う」。そして、「これからは、あなたが今までの経験を通して得たたくさんの物を、多くの人に還元しなくちゃいけない」と。

若さも素晴らしいけれど、若さを経て熟成された人の年輪からは、個としての完成品に近い物が自然とにじみ出るのだと思う。歳を取るのは素晴らしいことだ。健康でいつまでも長生きしたい。

イタリアに行くと、年寄りが本当に素敵だなと思う。それは外見と中身、両方に言えること。お洒落をして、手をつないで買い物や散歩をする老夫婦の姿をよく見かける。彼らは笑顔で、楽しそうで、人生を満喫しているのが伝わってくる。こんな風に自分も歳を取れれば良いな、と思う。

イタリアの審美眼

マリアンジェラ・ラーゴ

紀元前から現在に至るまで、途切れることなく繁栄の歴史が続いたイタリアは、世界遺産の登録数が実に50カ所（2014年8月現在。日本は18カ所）を数える、世界で最も多くの世界遺産を有する国です。イタリアの街は、まるで博物館のようだとよく言われます。歴史的な建物が至るところに立ち並ぶ空間で、イタリア人は日々の生活を送っています。職場や学校へ行く時も、買い物をする時も、家の外に出れば長い長い歴史が残した素晴らしい空間に身を置くことになります。どんな街に行っても、宮殿、教会などの歴史的な建造物に出合いますので、まさに街全体が博物館、そう感じるのは当然なことです。

私の故郷、ブレーシャも同じ。市役所には1200年代の宮殿が使われています。1600年代に作られた門をくぐり、広場を抜け、幅広く長い真っ白な大理石の階段を70〜80段上りきると、天井や壁にフレスコ画が美しく施された広間にたどり着きます。そこが住民票などの証明書を請求する場所。光を当ててしまうと美しいフレスコ画が劣化してしまうので、広間の中は薄暗い照明に保たれています。

市役所に隣接する警察署も、1200年代に建造された宮殿。図書館は1750年、劇場は1810年、孝弘が通った音楽院は宮殿と修道院の両方を併設する建物で、1837年に建てられました。そこから1分も歩けば、1100年代に建てられたヨーロッパ最古の円形大聖堂、さらには紀元73年に建てられたローマ時代の遺跡が目に入ってきます。

私が通った高校の建物も、歴史がたくさん詰まったかつての宮殿でした。その歴史を少しだけお話しすると、1671年から建築が始まり、3世代にわたり引き継がれて、93年後の1764年に完成。その後、さまざまな貴族の手に渡りました。ナポレオンもその美しさに魅了されて50万リラで購入した、という資料が今でもきちんと残されています。その後、オーストリア人の手に渡って1819年から学校として使われるようになったのち、再びイタリア人の所有となり、現在に至っています。そんな文化遺産のような高校へ、私は5年間（イタリアの高校は5年制）通いました。私が学んだ教室は美しいフレスコ画で覆われていたので、つまらない授業の時などは、天井の絵を見ているだけで飽きることがありませんでした。

イタリア人にとって、中世から続く石畳など、歴史ある景観と調和しながら、日常生活を送るということは、特別なことではありません。しかし、孝弘の演奏会でいろいろな国を一緒に回るようになると、この空間の素晴らしさを改めて認識させられました。世界にはさまざまな国があるけれど、イタリアのように、深く厚い歴史が現在に至るまで、国の隅々まで息づいている国はほとんどありませんでした。

ブレーシャ市役所。
壮麗な内装と実用的な窓口のコントラストが著しい。

ブレーシャ市立図書館。
天井のフレスコ画や巨大なシャンデリアは、市民にとっては見慣れた光景。

時の流れの中で、常に新しいものを過去の上に積み上げてきたイタリア。この〝本物〟の空間の中で、一人ひとりの審美眼が育まれていくので、イタリア人の美的センスが素晴らしいのは、当然のこと。専門的なことはわからなくとも、イミテーションを見ると、すぐに「アレッ？」と、違和感を感じるようになっているのです。

孝弘がイタリアに来たばかりの頃に、驚いていたことがあります。音楽の専門家でもないのに、イタリア人はなぜ「こっちのほうが良い演奏だ」「いや、あっちが良い」などと言えるのかと。イタリアの劇場は私立ではなく、国や地方からの財源でコンサートが運営されているので、日本のように自分でホールを予約して演奏会を開催するということは出来ません。劇場は、芸術監督を中心とした会議で年間スケジュールを決め、プロの中から選ばれた音楽家だけが劇場で演奏します。つまり、イタリア人が耳にする音は一級品ばかり。音楽が大好きな人はたくさんいて、毎日毎日、劇場の天井桟敷の安い席を求めて昼間から並び、音楽談義に明け暮れます。〝本物〟を聴き続けることにより、私たちイタリア人の耳は鋭敏になっていくのです。学歴、コンクール歴、批評家の文章など、他人の判断基準ではなく、自分なりの判断基準を持って、「私は嫌い」「ああいう演奏はだめだ」「いや、素晴らしかった」と熱く語り合っている姿をよく見かけます。ですから、どんなに有名な演奏家であっても、演奏内容がひどいと、時には天井桟敷からトマトが飛んで来たりして、批判の波にさらされることも。

〝本物〟が身近にあることで、美意識・判断力は自ずと高まっていくものなのです。

古いものを大切に思う

関孝弘

イタリア人は、時の流れを越えて受け継がれてきた古い物に愛着を感じています。僕たちのイタリアの家も築100年以上は経っているし、友人の何人かは1700年代の宮殿で優雅に暮らしている。車だって古いクラシック・カーは人々の羨望の的。世界的に有名なクラシック・カーのレース「ミッレ・ミッリア」は、僕たちが住む街ブレーシャが出発・到着地となっています（それを模して日本でも同じレースが近年開催されているとか）。

イタリア人にとって、住宅や家具は先祖代々引き継いでいくのが当たり前。100年、200年はおろか、数百年も経たアンティークが今も平気で使われている。新しい家具が必要な時も、多くの人が選ぶのは合成材のちゃちなものではなく、厚い無垢の木材で作られた本物。それを家族の財産として、子々孫々へ受け継いでいくのです。

それに反して日本人は、新築の家、新車、新発売の○○と、「新」が大好き。最先端技術を誇る消費大国ゆえの呪いなのか、多くの日本人は、一生懸命働き、ローンで家を建て、死ぬまで借金で苦しむ。しかも、その家は寿命30年。ローンが終わった頃に子どもが家を受け継いでも、「新たなローンを組んで建て替え」の憂き目に遭う。国民が家を建てるために働き続ければ、統計上はそれがGNPとなって現れるので、日本は豊かだと言われる。個人の財産はイタリアのように蓄積されていないのに……。

世界最多の文化遺産を誇るイタリア。その全土には近代的な高速道路も整備されているけれど、人々が行き交う街路には舗石を細かく並べた道が伸び、歴史ある景観と美しく調和している。遠く古代、中世から続く石畳の道は、車などにとっては決して走りやすいものではありません。わずか10センチほどの石の塊を一つひとつ手作業で掘り起こしては、根気よく埋め直していく作業を、街の至るところで目にします。それはもちろん、非効率的な、前近代的なやり方。だからといって、簡便さゆえに、アスファルト舗装をイタリアの街並みに施したら、引き換えに大きなものを失ってしまうのを彼らはよく知っている。そのコツコツとした非現実的な行動の集積こそが、イタリアの伝統文化を長い間守り抜いてきたのだと思う。そこには、過去の莫大な遺産を未来へつなげていこうという、伝統に根ざした〝美〟の至上主義の血が流れ続けています。

判断力を鍛える

マリアンジェラ・ラーゴ

私の家には、お客さんがたくさん来ます。子どもたちがまだ小さかった5〜6歳の頃から、お客さんがいらした時、コーヒーを持って行くのは彼らの役目でした。コーヒーは私が淹れるけれど、お客さんに出すのは子どもたち。周囲の人たちからは、「なんで、子どもたちに運ばせるの？」「こぼしたら、お客さんに失礼でしょう」「危ない。やけどしたらどうするの」などといろいろなことを言われましたが、いやいや、私は子どもたちに、熱い物は危ないということを学んで欲しかった。たとえ失敗したとしても、イタリアのエスプレッソ・コーヒーは量が少ないので、大したやけどにはならない上、熱い物は危険なんだという良い経験となり、二度と同じ失敗をしないように気を付けるでしょう。口で言うよりも、自分自身がやってみて感じること、経験を重ねることによって、それが本当の学びになるからです。

子どもたちは自分なりに、こぼさないで運ぶにはどうしたら良いのかを考えて、ゆっくりと時間をかけて慎重に歩いていたのを、今でもよく覚えています。やっとお客さんのところに到着する頃には、コーヒーは冷めてしまっている。でも、子どもたちの心には、運べた、お客さんに喜んでいただいた、という感覚が刻まれて、学びと喜び、二重の効果があったと思います。

私は、子どもたちの忘れ物チェックもほとんどやったことがありません。幼稚園に行く前にティッシュ、ハンカチなどを、ちゃんと持ったかどうか確認するお母さんも多いようですが、これは子どもが自分で覚えていかなくてはいけないことだし、親がやってしまったら、意味がないことの一つだと思う。

そんな私の姿勢があったので、二人の子どもたちは、ほかの子どもよりも多く忘れ物の注意を受けたかもしれません。でも、彼らも子どもなりに頑張って注意を払っていたと思います。問題だったのは、夜、私が、子どもたちが寝たあとに洋服を洗濯し、アイロンをかけることでした。そうすると次の日には必ず、連絡ノートに忘れ物注意のマークが付いている。

「ママ、昨日寝る前に、ハンカチがあるかどうかをきちんと確認したのに、今日、幼稚園で見たら入っていなかった！　なんで？」「ごめんね。昨日の夜、ママが洗濯したよ。その時にティッシュもハンカチもポケットから取ったの」「えっ！　じゃあ、洗濯したって言ってくればいいのに」「でも、あなただって家を出る前にポケットの中を見ることが出来たんじゃないの？」「……」

こんなやり取りが何度か続いたあと、彼らは「ママは油断できない。家を出る前に自分たちで確認する」ということを学習したようで、以後、忘れ物はめったにしなくなりました。小学校に入ってからも、持ち物の管理は自分たちでほぼ完璧にやっていたので、本当に親としては楽でした。これは、私の夜の洗濯が子どもたちに与えた知恵？

親が子の失敗を取り除くのは簡単。でも、子どもには「失敗した」をたくさん体験させるほうがいい。小さい時から、人に頼るのではなく自分で考えて行動する。親はその姿を見守り、フォローしてあげれば良いのです。彼らが経験した失敗は、間違いなく彼ら自身の判断力へとつながっていきます。

イタリアの融通性

関孝弘

イタリアは実に緩やかな規則で包まれている。それをいい加減と見るか、融通が利くと見るか、どんな側面を見るかによって、イタリアの顔は変幻自在となる。僕はそのあたりの、日本では絶対に考えられない、あり得ない世界が存在することを驚くと同時に、その恩恵をたくさん受けました。中でも印象的なエピソードを二つ、お話ししてみようと思います。

その1　イタリアの音楽院受験

イタリア・ブレーシャ国立音楽院を受験するにあたり、送られてきた試験課題曲は日本では考えられないものだった。バッハの平均率から24曲、クレメンティの練習曲から24曲というもの。日本では、普通、バッハの平均率からは1、2曲程度、練習曲はショパンやツェルニーなどから数曲、そのほかさまざまな作曲家の中から数曲を選択する、というパターン。当時、日本ではイタリア人作曲家クレメンティの練習曲はほとんど使用されておらず、僕は1

曲も弾いたことがありませんでした。バッハは誰でも勉強している曲目ですが、試験当日までに24曲も用意するのは……。9月からのイタリア留学まで、3カ月をきっている。これは絶対に不可能。

あわてて、日本の音楽事情をイタリアの音楽院に連絡すると、すぐに返事が来ました。――「では、特別に曲目を半分にしましょう。あとの半分は、ベートーヴェンのソナタとショパンやリストなどのロマン派の作品で、全部で1時間ぐらいのプログラムを準備して下さい。これで大丈夫ですか？」

国立の音楽院が、入試課題曲を僕のために特別に変えてくれるなんて!? 日本の音楽大学では、外国人留学生のために入試課題曲を特別に考慮するなんて絶対にあり得ないこと。つまり、「とにかくあなたの演奏を聴かせて下さい。上手だったら入学させてあげますよ」という考えです。試験では、受験者がどのような才能を持っているのかを見極めるのが肝心で、プログラムはある程度何でも良いというわけなんですね。形式には全然こだわらず、いたってシンプル。各音楽院には入試における自由な采配が許されていて、最終的にどうするかは、各院長が決定出来るようです。

こうして、9月に僕はイタリアへ旅立ちました。人生初の一人暮らし、しかも外国での生活ということで、夢は膨らむけれど、不安も大きかった。音楽院に行くと、「ああ、来たか。待っていたぞ！」と、指導教官のコンテル先生に強く抱きしめられ、歓迎ムード。教室には、僕の演奏を聴こうと、すでにたくさんの生徒が集まっている。「タカヒロ、皆お前の到着を楽しみに待ってたんだぞ。さっそく何か聴かせてくれ」と、入学試験も行われないまま、レッスンが始まってしまった。

演奏が終わると、先生は「素晴らしい演奏だった。お前は、羽目を外すようなことはないだろうから、もっと自由にやれ。もっともっと好きなことを表現してみればいいじゃないか？」と言い、生徒たちは、「いや、すごい演奏だね、ブラヴォー！　ところで、君、時間ある？　これからピッツァでも食べに行かないか？　ついでに街を案内してあげるから」と、矢継ぎ早に話しかけてくる。本当にイタリアって、どの人も明るくて楽しい。一瞬にして、音楽院の生徒たちと友達になってしまった。日本人という目立つ存在であることが、僕にはプラスに作用したと思う。音楽院の中では、廊下で誰かとすれ違うたびに、「あなたが日本から来たピアニスト？」と声をかけられ、一躍スターのような存在に。

秋も深まり、歩くつま先から落ち葉がカサコソと音をたて、楽しく音楽院に通う日々。そんなある日、僕は大変なことに気が付いてしまった。僕は日本で3カ月間のビザを取って、イタリアに留学しているわけだけど、まだ入学試験は行われていない。レッスンは平気で毎週行われているけれど、自分はまだ正式にはここの学生になれていないのでは？　事実、在学証明もない。とすると、このままだとビザは12月で失効してしまうのだ。

冗談じゃない、と僕は思った。これからイタリアで音楽を体得しようという矢先に、日本に強制送還されては困る。それも、在学証明書がないという理由で。――「コンテル先生、このままだと僕は、あと2週間でビザが切れて大変なことになってしまう。何とかしてくれないと！」「うむ？　入試をまだやっていなかったんだな。ちょっと待ってろ」――そう言うと、先生は10分ほど席を外し、――「タカヒロ、今、教務課に行って話をつけてきた。今日の午後、入学試験をやろう！」「えっ！　今日の午後？　あと、2時間しかないですよ」「お前はきちんと準備出来ているのだから、問題ないだろう。じゃあ、午後の1時に。頑張れよ」――

こうして、校長以下5、6人の先生が集まり、念願の（？）入学試験が始まりました。「では、まずバッハの平均率を演奏してくれますか？」と、先生が譜面をピアノに置く。（えっ？暗譜しなくても良かったんだ）と、内心拍子抜けな僕。日本の試験では普通、譜面を見ながら弾いてはいけない。それならそうと始めから言っておいてくれれば、暗譜のために労力を費やすこともなく、かなり楽になったはずなのに。僕が少しだけ弾くと、先生は「はい、良いですね。では、こちらは？」と、また少しだけ弾かせる。「ヴァ　ベーネ」――再び、問題なしという意味の言葉が発せられる。こんなことを15分ほど繰り返して、「はい、合格！」と入学が許可されてしまった。

（こんなことで合格出来るのなら、何も必死で勉強することもなかったのに。これがイタリアか……）と、僕が半ばあきれていると、校長以下、教授連が「もう、あなたはここの学生だから、ビザの心配はないでしょう。今度はあなたの好きな曲を弾いてくれませんか？」と言い出した。試験中、彼らは立ち上がったり、話をしながら聴いていたのに、今度は全員がきちんと席に着いていて、なんだかここからが本当の入学試験、というような真剣な雰囲気が漂い始める。強制的に勉強させられた試験曲ではなくて、僕自身の心の中から出て来るものを聴かせて欲しい、ということだ。入学試験のいい加減さ、そしてそのあとの真剣さとのギャップ。プロの世界の恐ろしさというか、厳しさというか、この驚きが僕は今でも忘れられない。

イタリアは現在でも、留学生の受け入れ方は学校によってまちまち。基本的には自分が行きたい学校に外国人の受け入れ枠がないと受験出来ません。ですがここがイタリアの面白いところで、留学したい人に実力と熱意があれば、本人が学校長に相談して、特別に受け入れ枠を作ってもらうこともあり得るのです。

校長の判断次第で、ホームページに「外国の学生をI名受け入れます」という、昨日まではなかった一文が追加される。イタリアでは、自分のやり方次第で道が開ける可能性がある。そのため、「出来ないのであれば、あなたの情熱はそこまでなんですね」という考え方をよくします。だから、皆自分の頭をひねる。考える。そうすることで、自分で切り開いた自分の人生に、誇りを持つことが出来るのだと思う。

その2　フィギュアが取り持つ縁

イタリアで生活する外国人は、必ず警察で滞在許可を申請しなくてはなりません。普通は年一度の申請ですが、僕はイタリア人女性と結婚しているので、2年に一度の更新手続きです。ある年、申請書を警察に提出して門を出ると、一人の警察官が追いかけて来て僕を呼び止めました。「あなた、日本人だよね。ちょっとこっちに来て」と、なんだか嫌な雰囲気。

すると思いがけないことに、「お願いがあるんだけれど。自分はフィギュアをコレクションしている。どうしても欲しいものがあるのだけれども、どうやっても見つからない。日本にはきっとあると思うので買って来てくれないか」と、彼は笑顔でお・ね・が・い、と頼み込んで来る。お互いに顔も名前も知らないのに、イタリアでは信じられないような話があるものだ。「僕はフィギュアに詳しくないので、名前や製品番号や、どういうものかを書いてくれれば、日本に行った時に買って来る。でも、たぶん高いですよ」と言うと、彼は「問題なし。じゃあよろしくね」と、嬉しそうにウィンク。そして、「滞在許可証は来週用意しておくから、また取りに来て」と。

1週間後に滞在許可証を取りに行くと、奇妙なことにいつもの許可証の色と違う。白だったのが薄いピンク色になっていて、よく見ると「永住許可」と書かれている。許可証を発行してくれた例のフィギュアの警察官は、「あなたのほうが私より長くこの街に住んでいて、永住権は十分にあると思いました。裁判所等で調べさせていただいたところ、何も問題がなかったので永住許可に切り替えておきましたよ。そのほうが便利でしょう？」と笑顔。フィギュアが取り持つささやかな縁から、こんなに大きなプレゼントをいただいてしまいました。

マリアンジェラから一言！

外国の人から見ると、イタリア人は実にいい加減に見えるでしょうね。確かに決まり通りには動かないし、展開の読めない部分が多過ぎるかもしれません。

でも、私たちにとって一番大事なのは「人間」。「人間が働いている」社会なので、困っている人を見ると、そこは持ちつ持たれつ。自分も同じように困ることもあるのだからという心配りが規則よりも先に働いて、出来る限りの範囲で手を貸そうとするのです。人間、困った時には人のありがたさがよくわかるものです。

本当の親切？

マリアンジェラ・ラーゴ

日本人がとても親切な国民だということは、世界中によく知られていることです。私がイタリアから日本に来た当初、どこに行っても皆さんが丁寧で親切なので、とても感動しました。洋服を見に行って、何も買わないでお店を出ても、「ありがとうございました」と笑顔でドアまで送ってくれる。郵便局に小包を持って行けば、包装をしてテープで止めるのも笑顔で手伝ってくれる。まったく嫌な顔をせずに。

イタリアのブティックでは、「買う気がないのなら、あまりこれを見たい、あれを見たいと言わないで、早く違うお店に行ってよ」という雰囲気が漂うのが普通。小包の包装を頼めば、「それはあなたがやること。私にはそんな時間ありませんよ」ときっぱりお断り。本当に日本は、世界中で一番親切で、丁寧で、優しい国だと思う。きっと外国から来た人たちは誰でも、私と同じ印象を受けると思います。大変居心地の良い、最高の気分を。

ところが、日本に来て少し経つと、一つのことに気が付きました。スーパーに行くと、「ありがとうございました。またお越し下さいませ」。違うレジに行っても「ありがとうございました。またお越し下さいませ」。皆同じように手をおへそのところに持っていって、お辞儀をしてくれる。デパートに開店と同時に入ると、店員さんたちが入り口に立って「ご来店ありがとうございます。ごゆっくりどうぞ」。少し進むと今度はエスカレーターのところで、「ご来店ありがとうございます。ごゆっくりどうぞ」と、また同じことを言う。皆スーパーの人と同じ位置に手を置いて、お辞儀をしてくれる。そのお辞儀も全員同じ形で、何とも不思議。

そんな時、ふとイタリアのテレビ番組で日本のデパートの様子を映していたのを思い出しました。その番組では、何十人もの女性店員が手をおへその上に当て、皆、腰を同じ角度に曲げてお辞儀の訓練をする映像が映し出されていました。マニュアルに沿った礼儀を毎日毎日繰り返さなくてはならない店員さんのほうには、ストレスがどんどん溜まっていくのではないだろうか。何度も繰り返される言葉には心が入らなくなり、上辺だけの「ありがとうございました」にはお客さんも無反応になっていく。これって本当の親切なの?

私がもう一つ、心配していることがあります。日本の電車やバスの中には、優先席のステッカーが張られ、車内放送では「お年寄り、身体の不自由な人、怪我をしている人、妊婦さんには席を譲りましょう」とアナウンスが流れます。しかし、私が妊娠していた時、職場の大学に通う電車で席を譲られたことは、一度もありませんでした。

また、ある時、松葉杖をついたお爺さんが乗って来たことがありましたが、皆さん眠った振りをしていたり、携帯の画面から目を離そうとせず、席を譲ろうとはしませんでした。「お年寄り、体の不自由な人には席を譲りましょう」というアナウンスは社会に浸透しているはずなのに、なぜ、見て見ぬ振りをするのでしょうか。二度と会うことはないだろうから、親切にする必要はないと考えるのでしょうか？

イタリアでは、「電車の中では席を譲りなさい」ということを学校や家庭で特別には教えません。必要とする人には席を譲る、重い荷物を持って電車に乗って来る人には必ず手を貸してあげるということが、その場に居合わせた人にとっては当たり前のことです。

もちろん日本でも、席を譲ってあげたい、荷物を持ってあげたいと思っている方はたくさんいると思います。けれども、恥ずかしいのか、目立つのを嫌がるのか、なかなかそれが行動に表れないのが現実です。また、席を譲ったとしても、相手の方は「いえいえ、大丈夫です」と言って、素直に受け入れて下さることが少ないのも確かです。譲られた側も、もっと自然にその親切を受け入れても良いのではないでしょうか。

相手の立場に自分を置いてみれば、今、その人は何を必要としているのか、自分は何をすべきなのかが、自ずとわかると思います。それを素直に行動に表せば良いのです。マニュアルに沿った行動ではなく、自分の心に耳を傾けて行動すれば、周りで見ている人にもその思いやりの心は影響し、きっとまたどこかで、心からの親切が繰り返されるのではないでしょうか。「席を譲りましょう」というアナウンスのいらない自然な思いやりが、日本にも根付くと良いな、と思っています。

フィレンツェの暖房故障

関孝弘

以前、日本からイタリアにコンサートの視察にやって来たマネージャーさんグループと、何日間か一緒に過ごしたことがありました。

シチリア島〜ナポリ〜ローマと北上して、ミラノまでのイタリア縦断。春の日差しがようやく心地よく感じられる初春の旅で、久しぶりに僕ものんびり。シチリアはまだ3月だというのに強い日射しに包まれていて、気温25度を越える暑さ。街には鮮烈な赤紫色のブーゲンビリアが咲き誇る中、車はクーラーをつけて走ります。地図の上ではあと1cmほど南下すれば、そこはアフリカ！ その頃、北イタリアに住んでいた僕は、南国の春の香りに感激の至り。食べ物は美味しいし、人々は明るく、海はどこまでも碧く透き通り、輝く陽気に浮かれて音楽を楽しむ毎日。

しかし、ローマでの滞在を終えると、空はドンヨリと暗くなり、雲行きが怪しくなり始めました。美しいアペニン山脈を抜ける高速道路に入り、フィレンツェが近付くと、天候はさらに下り坂。雪がチラチラと舞い始めて真冬に逆戻り。しんしんと冷え込んできて、シチリア〜ローマと南国気分に浮かれていた僕たち一行はビックリ仰天。真冬の装備をしていないので、早くホテルに着いて温かくゆっくりと休みたい。

夕方、ようやく目指すホテルに到着すると、フロントからは思いもよらない言葉が。「申し訳ございません。ただ今、暖房が故障しております」――えっ、嘘でしょう⁉ でも、こういうことって、イタリアでは時々起こるんですよね。ようやく暖を取れると思ったのに、やれやれ。

さらに「温かな毛布を多めに用意してありますから、ご了承下さい」と言うので、僕がそのことをマネージャーさん一行に伝えると、そのうちの人一倍気の荒いAさんが、「そんなのとんでもない。大変失礼だ。金も払っているんだから、俺が文句を言ってやる」と、フロントに抗議をすると言うのです。――「ここは一つ、我慢、ガマン。やめたほうが良いですよ。毛布を用意してくれるのだから」「ここはホテルだろう？ もっときちんとお詫びするのが筋だ。俺は声がでかいから、フロントの奴らもびっくりするだろう」「イタリア人は、そんなことではビクともしませんよ、絶対やめたほうがいい」――と、僕たちは押し問答。結局、彼はフロントに文句を言いに行ってしまいました。

「暖房が効かないホテルなんかあるか。何とかしろ！」と確かに大きな声が聞こえてくる。しかし、ホテル側はそんなことにはまったく動ぜず、「暖房が壊れているのは知っています。寒いのも知っています。だからこうして温かい毛布を皆さんにお配りしているのです」と答える。それでもAさんはフロントのカウンターを叩いてしつこく怒鳴り続ける。そしてとうとうイタリア人が逆切れ。「私たちの努力をわかってもらえないなら、出て行ってくれ！　宿泊代は全部返すから、出て行ってくれ！」（ほら、言わんことじゃない）。

はてさて、だけど良かった。と言うのも、この二人は終始イタリア語と日本語で罵倒し合っていたから、その意味もほとんど伝わっておらず、本当に助かった。言葉が通じなくても、ケンカって出来るんだ。

「いや〜、関さん、びっくりしたね。彼、俺より大きな声が出るんだ」と、Aさんは笑いながら戻って来る。「日本だったらこんな声で怒鳴り込むと、皆ビビって、コーヒーでもどうぞ、毛布はもっとご用意致しましょうか、とか言うはずなんだけれどね〜。イタリア人はすごいワ、驚いた」と、浪花育ちのAさんも脱帽。これをイタリア的と呼ぶべきか、はたまた極上の皮肉と呼ぶべきか……。

この場合、ホテルのイタリア人が主張したかったことは、I点のみなんです。われわれは修理を頼んだけれど、間に合わなかった。自分たちは最大限の努力をした。それを知って怒鳴るあなたは、〝紳士ではない〟ということ。Aさんにはそれが伝わっていたかどうか……。

イタリア人は、相手に合わせていくらでも切り返しが出来るコミュニケーションの天才。皮肉も最上級。こちらが失礼な態度をとると、変化球を使って2倍、3倍、4倍にして返してきます。生真面目な直球しか投げられない日本人には、なかなか太刀打ち出来ませんね。

常に恥ずかしくない自分で

マリアンジェラ・ラーゴ

最近、まったく思いがけない出来事が何度か私の身の回りで起こりました。

ある日、自転車に乗って道路工事現場の前を通過した瞬間、後ろから、「こらぁ〜！　自転車を通すな。何度言えばわかるのか!!」とすごい勢いで怒鳴る若い女性の声が聞こえてきました。私が何か規則違反でもしたのかと思いその場に戻ると、警備服の若い女性が、同じ警備服を着た老人を汚い言葉で叱りつけていました。この女性、もしも相手が自分より目上の人だったら、同じように怒鳴るのでしょうか。社長だったら、自分の上司だったら。度を越えたその姿は、私には理解することが出来ませんでした。自分より立場が弱い人にだけ、自分の権利を必要以上に主張するその姿は、親切な国、教育の行き届いた日本のイメージからはほど遠いものでした。

また別のある日のこと。私の生徒が留学資金のために居酒屋さんでアルバイトをしていたので、近くを通った時に少しだけ寄ってみました。すると、彼は慣れないながらも一生懸命に働いていました。「あっ、マリアンジェラ先生、来てくれたんですか！」「うん、ちょうど近くを通ったからね。元気で頑張っているね」などと話していたら、「お兄ちゃん、何やってんだよ。そんなおしゃべりをしている時間があったら、頼んだ酒を早く持って来いよ！」と、テーブル席にいるお客さんが大声で怒鳴るのです。彼はそのお客さんグループのターゲットになってしまったのか、その後も皿の出し方が悪いやら、対応が遅いやら、ずいぶん非人間的なキツイ言葉が続きました。

「あなたたちは、失礼な人だ」と、私は飲んで騒いでいるその人たちに言いたかった。

自分より下の立場の人に威張ったり、無礼な言葉を平気で吐く人がいるのはなぜなのでしょうか。現代社会では、ストレスが溜まり過ぎているのではないかと思います。職場では上から押さえられ、家庭では親から押さえられている人もいる。どこにいっても本来の自分らしさを出すことが出来ず、常に仮面をかぶって生活しなくてはいけない現実にいらだち、相手の立場になって考えることが出来なくなっているのだとしたら、私はとても心配です。人を見て親切にするのは本当の親切ではないと思う。人間には上下の関係なんてない。子どもでも大人でもそれは同じだと思います。

イタリア人が子どもの時から教えられることの一つに、「人間として失礼な言い方をする人になってはいけない」ということがあります。「どんな人に対しても汚い言葉は使ってはいけません。目上の人に対しての敬語だけでなく、口から出る言葉すべてに対して、自分自身が恥ずかしくないようにして下さい」と、子どもたちは家庭で、学校で、教えられています。

もし自分が相手の立場だったらどうして欲しいか、もし自分がその言葉を言われたらどう思うか、ということを考えて行動すべきではないでしょうか。自分自身に対して、常に恥ずかしくない自分でいることが大切です。

軽自動車の一流ピアニスト

関孝弘

イタリアの演奏会はだいたい夜の9時から始まる。夕食を取って、ゆったりとくつろいだ気持ちになってから、人々は劇場に集まり音楽を楽しむ。昔から音楽と共に社交をするという感覚が、人々には根付いている。バタバタと急いで仕事を済ませ、会場には時間ギリギリに駆けつけるという日本の時間の流れとは大きな違い。

世界的な名ピアニスト、アシュケナージ[*1]の演奏会を聴きに、ブレーシャの隣町、ベルガモまで行った時のこと。食事を済ませて会場近辺を散歩していたら、イタリア・フィアット社のチンクエチェント（500cc）と呼ばれる軽自動車の狭い後部座席から、今日の主役である大ピアニスト、アシュケナージが降りて来た。

よれよれの背広をはおり、手にぶらさげているのはスーパーのレジ袋。そのビニールの袋の中には、楽譜が押し込められていたのだった。彼は、「こんばんは」と道行く人に挨拶をして、にこやかに劇場の裏口に消えた。

「彼はアシュケナージ!?」――驚いた。彼は世界の大演奏家なのだから、黒塗りのでっかい

イタリア北西部の街、フィナーレ・リーグレの夏の一夜。
広場にはグランドピアノが置かれ、人々は気軽に音楽を楽しむ。

高級自動車から悠然と降りて来て、その後ろにお付きのマネージャーさんが楽譜を持っていそいそと従う、なんていう姿を誰でも想像しがちだ。でも、彼は違った。ごくごく普通の人という印象。舞台に出て来た彼は、軽自動車から降りて来た時そのままの背広姿で演奏した。何のおごりもなく、実に自然体。

僕はふと、フィレンツェの世界的に有名な靴屋さんのインタビュー番組を思い出した。彼は、ローマ法王、エリザベス・テイラー、マリリン・モンロー、レーガン大統領などの靴を作り続けている職人。「世界で一番美しい靴とはどういうものですか?」と、インタビュアーに尋ねられて、彼が出してきた靴は、実にシンプル。何も装飾のない、薄いピンク色のローヒール靴。大胆なカットを施したり、形をデフォルメすることなく、靴本来の美しさを職人の優しい手が作り出している。柔らかくカットされたラインは洗練の極地なのだろう。その靴によって履く人自身の美しさが強調されるという感じ。〝この人は本物だ〟と、瞬時に伝わってきた。

僕が今までに接した世界の大演奏家たちは、誰でも皆、自然体。「開演まであと30分あるけれど、コーヒーでも一緒にどうですか?」と、ツィメルマン。「家で軽く食事でもいかが?」と誘うと、気軽にやって来たルッケシーニ。[*2] 僕が共演したサンクト・ペテルブルグ・オーケストラのメンバーたちとは、大通りに面した道で、「元気でな〜。また会おうな」と大きく手を振り合い、それぞれが心楽しく家路についたものです。

恩師マリア・ティーポと一緒に。
かつてはフィレンツェ郊外の自宅に通いレッスンを受けた。

ある早春の日に、ピアノの恩師マリア・ティーポ[*3]から手紙を受け取った。「タカヒロ、元気にしていますか？ 私は先日80歳になりました。今も元気でいられることに感謝。そして、素晴らしい音楽に接していられる私は幸せ。あなたも頑張って」と、書いてあった。

フィレンツェ郊外に住む彼女の家は「オリーブの家」と名付けられている。オリーブはヨーロッパの人にとって平和の象徴である。オリーブの木の下で、いつも飾らず自然体で暮らす人のことを僕は想う。

＊1 ウラディーミル・アシュケナージ（1937〜）
ソビエト連邦出身のピアニスト・指揮者。現代最高の音楽家の一人。その音楽表現は、ピアノにおいても指揮においても、常に新鮮で溌剌とした柔軟性に満ちている。

＊2 アンドレア・ルッケシーニ（1965〜）
ミケランジェリ、ポリーニの後継と目されるイタリアの実力派ピアニスト。太陽のような明るい音色と気高いピアニズムを持つ、ヨーロッパ楽壇のエース的存在。マリア・ティーポの愛弟子でもある。

＊3 マリア・ティーポ（1931〜）
イタリア・ナポリ生まれのピアニスト。17歳でジュネーブ国際音楽コンクールに優勝しキャリアを確立。伝統的かつ力強い一流の演奏技術でファンを魅了している。家族を愛し、演奏旅行でも1週間以上家を空けることがないという。

間奏

家族になる

INTERMEZZO

二人の出会い

個々の自立した男女が惹かれ合い、二人の生活から新しいものが生まれる。同じ目的に向かって、二人で支え合いながら、どういうものを作り上げていくか。何があっても、常に深い信頼で結ばれ、相手が幸せになるためならば、どんな犠牲をもいとわない関係、それが家族。私たち家族の、始まりのストーリーを少し。

◇◇◇

孝弘　1979年、イタリアへ留学する直前、僕をイタリアへ結び付けてくれた恩人である、今は亡き世界のプリマドンナ、東敦子（あずま）先生から二つの約束をさせられた。「あまりイタリアには長くいないように。あなたの名前が忘れられてしまうから、コンクールで賞を取ったら、早く日本に帰って来なさい。そして、イタリア人女性とは絶対に結婚しないようにね。嫉妬深いし、あなたが苦労するだけよ。この二つを守れるならば行ってらっしゃい」と。

でも、イタリア生活が始まると、そんな二つの約束などすぐに吹っ飛んでしまった。1日でも長くこの素晴らしい世界に留まろうと思ったし、イタリア女性とも結婚してしまった。でも、この長いイタリア生活、国際結婚があったからこそ、今の幸せを見出せたのだと思っています。

マリアンジェラ　孝弘が下宿した家の未亡人が、私の母と同じ小学校で教えていたんです。ある日、彼女から、「日本人がやって来たから、ご家族皆さんで一緒にお食事でもしませんか」と、招待されました。それが私と孝弘の初めての出会いです。

その食事会の前に、彼はピアノを演奏してくれました。私はその音があまりにも美しく澄み切ってきれいだったので、心の中で、「絶対、この人と一緒になる」と、一人で勝手に決めてしまいました（笑）。

孝弘　一目惚れと聞いていたけど、ピアノの音のことだったんだね（笑）。

マリアンジェラ　始めは、孝弘に会いに行っても、あなたはまだ言葉がほとんど出来なくて、一言一言、いちいち辞書を引く。今のように電子辞書がなかったから、紙の辞書をパラパラめくって……。「明日、夕方5時に駅で会いましょう」というような単純な事柄を伝えるだけでも、かなり時間がかかったわ。本当に大変だった。

孝弘　イタリア語は、留学前に日本で1カ月ほど促成栽培的に習っただけだから。行けば何とかなるさと思っていたけれど、何とかならなかった。言葉の壁は厚かったと思う。

語学が早く上達する一番の方法は、恋人を作ることだと言われるけれど、当時の僕の頭には音楽しかなかった。だからなかなか上達しなかったのかな？　一番怖かったのは電話が鳴ること。電話では、一切ジェスチャーが使えないから。語学力の不足が本当に恐怖だったのをよく覚えている。

マリアンジェラ　最初の下宿先では、1年も経たないうちに考えられない問題が出て来てしまい、大変だったね。あなたが暗い毎日を送っていたのをよく覚えている。

孝弘　ホストファミリーの主人である作曲家の夫を亡くした未亡人には、5歳のヴァイオリンをやっている男の子がいましたが、彼女はなぜか、僕に何らかの愛情を抱き始め、音楽しか頭にない日本のピアニストにイライラしていたようです。まったく予想だにしないことが起き始めていたんですね。すぐにマリアンジェラに相談すると、彼女の母親が未亡人と話をしてくれた。そうして僕にも、「もし、困った状態がこれからも続くようだったら、いつでも相談に来て下さい。お手伝い出来ることがあるのなら、何でもしますからね」と、優しく声をかけてくれました。

その後、下宿先はさらに重苦しい雰囲気が包むようになり、勉強にも支障が出るようになってしまいました。そんな状況下でピアノの練習を続けていくのは困難だと思い、意を決して、再びマリアンジェラの母親に相談に行きました。

関さん、留学直後の1枚。高校生のマリアンジェラさんと彼女の母・弟と。

「もし可能なら、ピアノの練習に毎日通わせてくれませんか？　でも、ピアニストの練習は半端ではないので、ご迷惑をかけてしまうかもしれない。その時はハッキリ言ってくれて結構ですから、何とか助けて欲しい」と懇願したのです。

するとちょうどその場に居合わせた人も、「今の下宿を出て、彼女の家にホームステイさせてもらったら良いじゃない。僕が防音の設備を作ってあげるから、心配しなくても大丈夫」とまで言って、エールを送ってくれたんです。

母親は少し考えてから、「私たちでお役に立てるのならば、協力しましょう」と言ってくれた。僕はなんだか神様と話しているような気持ちで、涙が出るくらい、心の底から嬉しかったのをよく覚えている。

マリアンジェラ　私の母は小さい時、家族がいなくて、寂しい子ども時代を送った人でした。孝弘が異国で一人ピアノの修行をしている姿に、自分を重ねたのだと思う。

彼女は5歳で母親を亡くして、8歳の時に父親が戦争で死んでいるのです。彼女と妹はその後、離れ離れになり、それぞれまったく違う環境で育てられました。

辛い子ども時代を過ごした母ですが、幸いなことに愛する人（私の父）と出会い、結婚しました。しかし父は体が弱く、入退院を繰り返している人でした。

父が家から600km も離れたローマの病院に入院した時、私の下の弟は生まれたばかりの6カ月で、私は11歳でした。母は遠く離れた病院で治療する父にずっと付き添っていたので、

マリアンジェラさんの両親。1975年、フェッラゴストのお祭りにて。

兄弟４人の食事の用意と弟の保育所への送り迎えは、私の仕事になりました。朝食の準備は登校前、そして学校が終わると、そのまますぐに弟の迎えへ直行。

父も母も教員で、小学校の５年間、私の担任の先生は父でした。父は音楽が大好きな人で、家にはⅠ日中音楽が流れていました。

父は死ぬ前に、少しだけ家に戻って来ました。私は嬉しくて、父が元気になるようにと、毎日お料理を作ってベッドまで持って行っていました。ところがある日、いつものようにベッドに料理を持って行ったら、決して怒ったことのない父から怒られました。「もう食事は持って来るな。あなたがいると、死ねない」と。

死が近付くのを感じていた父は、子どもを残して旅立つのが苦しくて、こんな言葉を口にしたのでしょう。私と父はとっても強い絆で結ばれていましたので、私の顔を見るのがすごく辛かったのだと思います。

孝弘　僕を受け入れる前のいきさつは、ずいぶんあとになってから聞きました。今、マリアンジェラが明るく幸せなのも、子どもの時に苦しく辛い時期があり、それを乗り越えたからだという気がする。II歳で家庭をきりもりした女の子なんて、そう多くはないと思う。でも僕は、彼女から苦しかったという言葉をまだ一度も聞いたことがない。

マリアンジェラ　それまで我が家で常に鳴り響いていた音楽が、父の病気を境にして、途絶えてしまいました。そして最悪の別れが訪れて、家中が重い空気に包み込まれていた時に、孝弘との出会いがあったのです。目の前に光のような、明るく輝くものを、私だけではなく家族の皆が感じたと思う。

孝弘　本当に多くのイタリア人が、家族のように僕を受け入れ、助けてくれた。音楽では音の問題は付きもので、必ずと言っていいほど苦情が付いて回るのだけれど、僕の場合は、音がしないと近所の人から電話がかかって来て、「ピアノの音が聞こえないけれども病気か？」とか、「ピアノが聞こえないと寝付けないから弾き続けてくれ」といった、変わった苦情（？）を言われたものです。

マリアンジェラ　本当に皆が孝弘を家族の一員として温かく迎えてくれました。あなたは完全にイタリア社会に溶け込んでいたと思う。

孝弘　家では、今日はこれを食べよう、あれを食べようと、僕がその日のメニューを決めていたし、テーブルの席もマリアンジェラの父親が座っていた場所だった。下宿人の僕が一番威張っていたかもしれないね。そのくらい本当に皆から大切にしてもらった。こんなに幸せな留学生活を送ったのは、この世に僕一人しかいないんじゃないかと思う。

マリアンジェラ　1989年にイタリアで結婚式を挙げて、私たち二人は家族としてスタートしました。そして二人の子どもを授かりました。

孝弘　長男ミケーレ、長女エレナ。ミケーレという名はマリアンジェラの父の名前です。〝神様のような人〟という意味が含まれていて、男の子が生まれたら、絶対にミケーレと名付けると彼女は決めていました。
　エレナという名は、〝太陽のように輝く〟という意味で、音の響きが澄んでいて大好きでした。ギリシャ神話では、全宇宙を支配する全知全能の神ゼウスの娘で、美の象徴です。一応どちらの名前にも漢字を当てはめていて、ミケーレは己渓怜、エレナは愛伶奈。でも二人とも漢字表記はほとんど使わず、いつもカタカナを使っています。
マリアンジェラ　娘のエレナには、「愛」という字を使いたかった。最愛の両親が注いでくれた愛は、私の宝物。そして愛が、私を日本と結び付けてくれたから。
孝弘・マリアンジェラ　国際結婚で生まれた子どもを「ハーフ」と言うけれど、私たちは「ダブル」だと思っています。二つの異なる文化を合わせ持つ、ダブルの子。そして私たちにとって、「あいのこ」は「愛の子」なんです。

1989年8月5日、ブレーシャの教会での結婚式。この晩、大雨に見舞われた。
イタリアでは「濡れた新婦には幸運が来る」と言われている。

試行錯誤の日々

孝弘 僕は、マリアンジェラの家で10年間のホームステイ生活をしていました。彼女の家族はこの上なく親切で、どうして他人である僕にここまで親身になれるのかと不思議に思ったほど。

一方、マリアンジェラは、僕と結婚し、愛する国イタリアを離れ日本にやって来ました。最初のうちは僕の家族と同居していたから、僕がそばにいるとはいえ、マリアンジェラにとっては、大きな壁がドーンと目の前に立ちはだかったような気持ちだったと思う。一人のイタリア人女性として、初めて出合うさまざまな日本の生活様式、物事の考え方、そして僕の家族とどのように接点を持っていくのか……。さまざまな試行錯誤がありました。

マリアンジェラ 日本とイタリアの違いから何らかの気付きを得ていこうと、私たち二人の結婚生活は奮闘の日々でした。そこで発見した両国の良い面・悪い面、数えきれないほどあったけれど、どんなことも否定形から始めないように、いつも前向きを心がけてきました。

孝弘 僕の母が死ぬ直前に、「一番そばにいて欲しいのはマリアンジェラ」と言ったね。「明るくて、楽しくて、マリアンジェラはいいよね」と。体も弱って、ベッドに寝ているだけの状態の中で、あなたのことが一番好きだと言う。嬉しかったね。

マリアンジェラ あなたのお母さんが入院していた時、だんだん体の調子が悪くなっていくのを、とても不安がっていたでしょう。私は、「人間、誰でも少しずつ衰えるのは当たり前。91歳は骨董品だよ」と言ったことがありました。

孝弘 日本人は、本当のことは単刀直入に言わないことが美徳、相手への思いやりと考えているところがあるので、僕の家族は、マリアンジェラの率直さに最初はちょっと困惑していたようだね。感情の行き違い、軋轢もたくさんあったけれども、長い時間をかけて、本当に大事なことは嘘のない姿でいることだ、それが一番の幸せだと、お互いの中で気付いていけたと思う。考えてみれば、同じ家族なのに、お互いの反応を伺いながら、相手の喜ぶだろうと思う言葉だけを投げかけていたのでは、いつまでも本当の家族にはなれないでしょう。

嫁の立場でも、息子の立場でも、自分の考えをきちんと語るのは人間のコミュニケーションの基本だし、僕もマリアンジェラも、誰もが自由に意見を言い合える家庭を築きたいと思っていたから、家族との議論はやったね。母にはやめろと言われたけれども、マリアンジェラと一緒に食器洗いや庭掃除もした（笑）。

マリアンジェラ 私は何より、二人だけの会話を大事にしたかった。結婚したばかりの頃は家庭の基礎を作る大事な時間だと思うけれど、皆と一緒だったからなかなかそれが出来なかった。

孝弘　日本の家庭では、プライバシーというのはあまり確立していないんだよね。それと、家族の在り方が少し違うように思う。マリアンジェラは、〝二つの家族が一つの家にたまたま一緒に住んでいる〟という感覚なんだけれど、僕の母は〝一つの大きな家族が一緒に住んでいる〟という感覚だったかもしれない。

最初は食事の形態も難しかったね。食べる時間帯も食べたい物も違っていたし。結局、少し時間が経ってから、食事は自分たちの部屋で、自分たちの時間帯に取るようになったね。結果的には、何時に何を食べようか、誰が食事を作るのかという、諸々のストレスから解放されて、お互いに気が楽になったと思う。それまでは、マリアンジェラもずいぶんいろいろな苦労があっただろうね。あまりにもたくさんの習慣が違い過ぎていたから。

マリアンジェラ　でも、お義姉さんの二人の子どもたちがいたから、ずいぶん癒された。心が折れそうになった時に、一緒に遊んでもらえて本当に嬉しかった。日本語もずいぶん教えてもらったし。でも、子どもの言葉をそのまま覚えてしまって、あとになってずいぶんいろいろな人たちから笑われた。「目をちゅ（つ）ぶって」「大ちゅ（す）きだよ」とか、それをそのまま平気で使っていたの。

孝弘　言葉はなかなか難しかったよね。今でもよく覚えているけれど、「こちらはシュウジンの孝弘です」と言った時はびっくりさせられた。聞いたほうは「囚人」かと思ってギクッとするんだけど、実は「主人」と言っているつもりだったんだよね。実に多くの人に「孝弘は

奈良の室生寺にて。来日後すぐ、演奏旅行で京都、奈良、日光などを訪れた。
この頃、ちゃんちゃんこがお気に入りで、外出の際によくはおっていた。

私の囚人です」と紹介していた（笑）。ひょっとすると、本当に僕はあなたの囚人かもしれないネ⁇　ほかにも、姉のことを他人に話す時、丁寧に言うつもりで「さん」をつけて、「私の姉（あね）さんは……」と平気で言っていたね。なんだかヤクザの世界の人みたいだった。外国で暮らす上で最初の大きな壁はまず言葉、そして食事があると思う。長く暮らす上での基本であるかもしれない。

少しずつ、日本のお料理も作り始めたよね。初めて大根の味噌汁を作ってくれた時は、びっくりした。「大根を切って、だしで煮て、柔らかくなったら味噌を入れる」と説明したら、「わかった、わかった」と、調子良く歌いながら作っていた。そして出て来たのは、〝ふろふき大根〟の大きいのが1個、丸ごと入った味噌汁！　どのように切るかということまでは確かに説明しなかったけれど、これにはびっくりした。そうめんの食べ方を覚えたら、おそばが冷たい氷水の中に入って出て来たり、日本茶にお砂糖が付いて来たり……。その時はびっくり仰天だったけれど、今となると笑い話みたいなことが一杯で、楽しい思い出として強烈に残っている。

マリアンジェラ　私が作ったふろふき大根をお義母さんに持って行ったら、「硬いし、味もあんまりしみ込んでないね」と言われた。その時はあまり良い気分はしなかったけれど、その後も何回か持って行ったら、「少しは上達したかな……」と言ってくれるようになった。それからしばらく経ったある日、お義母さんが、「梅酢はない？　あんたのところに行けば、日本的なものが結構あるからね」とやって来た。そしてお茶を飲みながら、ゆっくりと関家の歴史を話してくれたの。誰にも話していないような大事なことまでいろいろ。孝弘もあとになって、「そんなことまで知ってるの」ってびっくりしていたよね。お義母さんは帰りがけに「結構美味しいお茶を飲んでるんだね。ちょっとお茶の葉をもらって行こうかな……」と、すっきりした顔で戻って行った。なんだか嬉しかった。

孝弘　国際結婚だから、壁はより多くあったかもしれないけれど、日本人同士の結婚でも同じ問題が存在するのではないかな。お互いのすべての要素が摩擦し合うことで、新しい何かが生まれてくる。それも含めての結婚生活だと思う。

マリアンジェラ　私は孝弘を選んだのだから、彼と一緒に歩んで行く。だけど、35年間も毎日一緒にいるんだから、私たちも、もう十分骨董品。そろそろカビが生えてくる（笑）。

孝弘　高級なんだよ、カビが生えたものは。熟成させる時間は長ければ長いほど良い物になるんだから。バルサミコ酢の20年物だったら価値は3倍、30年物だったら4倍ものだよ。

Capitolo 03

家族は逃げ場所

LA FAMIGLIA

思っていることを素直に話す

マリアンジェラ・ラーゴ

私は、日本の学生と話していて、いつも不思議に感じることがあります。それは、相手に対して心配をかけたくないという気配りが、彼らは非常に過敏に働くということです。

某大学の学生たちが、世界的に有名なピアニストの講習会を受けた時のこと。私はその視察を頼まれて、彼らと一緒にイタリアに行きました。着いてみると、何らかの連絡違いで、課題曲が用意してきたものと違うという大きなミスが発覚しました。なぜ、そんな単純ミスがあったのか……。学生たちは課題曲の楽譜探しから始まり、短期間での練習に大変苦労しました。その時、私は真っ先に日本にいる夫に電話をして、トラブルが起きてとても困っているということを全部伝えました。私が一番信頼している夫に、自分の今置かれている状況を包み隠さず話すのは、とても自然な行為だと思います。

ところが驚いたことに、生徒たちに「今回のトラブルのことをご両親に伝えましたか？」と尋ねたら、「いいえ、言ってません」と言うのです。――「どうしてですか？　こんなに大きな問題が発生しているのだから、報告したほうがいいでしょう」「いいえ、イタリアまで旅費を出してくれた父や母に心配をかけたくありません」「えっ？　自分が困っていることを家族に言えないのですか？　それならば学校には伝えましたか？」「いや、言えないです。私に起きている出来事で、学校に迷惑をかけるのは嫌です」

なぜ、今自分に起きているトラブルを誰にも言わないのか、学生に対して不安を感じた私はこう聞きました。――「じゃあ、私が皆さんに教えていることに関して何か納得いかない点があったとしたら、それを私に伝えますか」「ハッキリとは言えないです。だって先生は一生懸命にやって下さっているから、申し訳なくて……」

自分が困っている時、嫌なことがあった時、誰にも本当の気持ちを言えない。これは私たちイタリア人にとっては、驚くべきこと、あり得ないことです。

結局、課題曲の問題は何とか収拾がつき、やれやれと思いきや、レッスンが始まるとすぐにまた別の問題が出て来ました。それはコミュニケーションの問題。ある生徒が先生の質問に対して、すべて「はい」とだけ答えるのです。先生が、その生徒がどう見たって理解していないと感じて、「わかりましたか？」と尋ねると、「はい」と言う。「わかっているのなら結構です。じゃあ、やってみて」と言われて、その生徒は再び演奏する。でもやっぱり理解していない。――「何やっているの。本当にわかっているのですか？」「はい」「わかっていないのですか？」「はい」……こうなるともう先生は混乱してしまい、「ハッキリして下さい」と怒り出す。するとその生徒はまた「はい」「もう、『はい』って言わないで！」「はい」……。笑い話のようだけど、先生はもうカンカン。一方通行のレッスンには慣れていないイタリアの大ピアニストは、自分の意志をまったく伝えようとしない日本の学生に対して、呆れ果てた。

片言の言葉でも良いから、何かを伝えるべきなのに、「はい」はあっても「いいえ」と否定形を使わない。ハッキリと「わかりません」と言えば、まったく問題にはならないのです。最初は言葉の問題かと思ったのですが、そうではなく、自分の意見をきちんと伝える教育があまり出来ていないのでは、と疑わざるを得ないシーンでした。

自分の疑問点を相手に伝えられなければ、そこには進歩も解決もないと思います。たとえば、先生のレッスン形態が自分たちにはどうしても納得出来ないものであるのならば、伝えるべきでしょう。きちんと問題点に向き合えば、そこでディスカッションが生まれ、学生の意見、そして先生の意見も出るのです。それで問題が解決するかどうかはわかりませんが、話し合いのあとには、両者の頭に相手の意見が残るので、以前のままということはあり得ない。必ず何かの変化が生まれると思います。

イタリア人の性格は、基本的に、陽気で素直。隠し事をしたり、相手に懐疑心を持ちながら付き合うということは苦手です。すべてのイタリア人がそうであるわけではありませんが、私は、自分が思ったことを胸に溜めておくことが出来ません。すぐにポンと出てしまいます。

主人はピアニストだから、演奏会前は神経質な状態なので、「今は悩み事を言わないほうがいい、我慢しよう」とそれなりにひと呼吸おきますが、でも結局、彼の顔を見ると溜めておくことが出来ず、自然と全部出てしまいます。「ああ〜、演奏会が終わってから言えば良かった」と思ったことも今まで何回かありましたが、〝心を伝えたい〟という気持ちのほうがより強く働いてしまうのです。

心の状態を伝えるということは、相手に嘘をつかないということ。大好きな人には絶対嘘をついてはいけないと私は思っています。今、自分がどう思い、どう感じているのか、相手にも理解してもらいたい。もし、思っていること、感じていることを言わなければ、私はストレスを感じて不安定となり、そのイライラは相手に伝わってしまう。けれども、自分の本当の気持ちを伝えることが出来さえすれば、私はその分、心が軽くなって元気になっているから、相手にも明るく接することが出来るのです。だから、お互いにとってそのほうが良いと思う。でも、もしかするとこれは私の身勝手な、一方的な考えかもしれません。

他人に迷惑をかけるのはいけないけれども、互いを信頼しているのなら、本当の思いを伝えて理解を深めるべきです。自分の心をきちんと伝えることが出来て、相手も真摯に受け止めてくれれば、お互いに自然体でいられるのではないでしょうか。

〝思っていることを素直に言う〟ことは、イタリア人にとっては当たり前かもしれませんが、日本でこれを実践するのはそう簡単ではないかもしれません。けれども、相手が大切な人であればあるほど、それを自分自身に言い聞かせることが大切です。

その場合、相手は率直に物事を言われることに慣れていなくて、傷付くかもしれないので、「あなたのことを大切に思っているから言うのだけれど、いいかな?」というような一言を、最初に足してみてはいかがでしょうか。そうすればお互いの気持ちが、少し楽になる。日々の暮らしの中で、そういう機会を持てているかどうかで、人との関係はずいぶんと違ってくると思います。始めるのなら、まずは家族の中からが良いですね。家族なら、たとえ誤解が生まれたとしても、許してもらえると思います。家族間で、思うことを全部言い合う習慣が定着すれば、友達との間でも少しずつ、同じように楽で肩の凝らない関係が築けると思います。

「批判ではなく、あなたを思うからこそ言うのよ」という繰り返しを、自分の中に、そして相手の中に積み重ねていけば、いろんなものが少しずつ変わっていくのではないか——そんな風に思っています。自分が変わらないと相手も変わりません。まずは一歩を踏み出すこと。

年中、心の中は晴れている

関孝弘

「明日は明日の風が吹くよ。どんなにどしゃぶりでも晴れるのだから」と、マリアンジェラは言う。彼女だけでなく、多くのイタリア人はそう思っているのではないだろうか。

この前も、10年ぶりに会ったイタリア人指揮者のパオロが、「お〜、元気だったか？　嬉しいね、タカヒロ！　久しぶりの再会だ」「いや〜僕も嬉しいね。ところで、君の子どもは何年生になった？」「ウチの息子？　本来は高校5年生なんだけれども、まだ3年生。実は落第しちゃってね。もう二度目の落第なんだ。参ったね……」云々。開口一番、こちらが尋ねてもいないことまで、隠そうともせずに話し出す。どこにも暗い感じはなく、明るい笑顔で、（これが現実なんだからさ、仕方がないね）とばかりにまったくの自然体。彼は子どもの落第を特別な問題として捉えておらず、人生の長い道のりの一つの経験として扱かっているのだ、という雰囲気が感じられた。（落第はしたけれど、とっても元気だよ。彼も良い人生経験をしていると思う。そのうち頑張ってくれるさ）と。

ある夏の日、イタリアからエレナの友達が日本にやって来た。高校卒業のお祝いとして、家族が飛行機のチケットをプレゼントしてくれたらしい。日本が大好きな彼女は、高校で第二外国語として日本語を勉強していたので、日本語能力はゼロではない。日本の女性アイドルグループ「キュート」が大好きらしい。皆で原宿・浅草・上野などを散策したり、花火大会に行ったりと、楽しいヴァカンスを過ごしてイタリアに帰っていった。

そのIカ月後、今度はミラノ近郊の彼女の家に僕たち家族が招待された。「日本では、大変お世話になりました。ありがとう」と、明るく元気なお母さん。「こちらこそ、とっても楽しかった。またいつでも日本に来て下さいね」と返す。たくさんの美味しい料理に囲まれて、再会を祝す乾杯！　あとから息子さん家族も加わって、広い庭に設けられたテーブルで夜遅くまで歓談。「お嬢さんも、もうすぐ大学生ですね。どこの大学を選びました？　ここだったらミラノ大学かな？」と言うと、「娘は、高校を卒業して、本当はこの9月からは大学生なんですけれどね……。本人も大学進学を希望しているけれど、今の私にはそんな経済力がないんです。可哀想だけれど、娘は働くことを決めたばかり」と語り出した。彼女は何年か前に離婚をして、今は娘さんとの二人暮らし。三人の息子はすでに独立している。当然大学に通うのだろうと思っていただけに、現実の厳しさを感じる。「人生、いろいろな時があるんですよ。娘も悩んで考えていたけれど、仕方ない。だから、家族全員で、卒業のお祝いに大好きな日本への航空券をプレゼントしたのです」と彼女が言うと、「私、とっても幸せよ、ママ。大学に行けるように、頑張って働いて資金を貯めるから大丈夫！」と、娘も元気で晴れやかだ。

その翌年。僕とマリアンジェラはイタリアでの夏休みを終え、日本に出発する直前、ミラノ・マルペンサ空港で、1年ぶりに彼女たちと会った。「聞いて、聞いてマリアンジェラ！ 私ね、来月からミラノ大学に行くの！ 日本文化を勉強することに決めたわ。エレナによろしく伝えて」と、彼女はマリアンジェラに抱きついて、熱く興奮して話し出した。――「えっ、すごい！ 私と同じミラノ大学だね。日本文化を研究するのなら、また日本に来なくちゃね。日本の資料が必要だったら、喜んで送るわ。頑張って！」「うん、頑張る。マリアンジェラ、ありがとう!!」

日本人は悪いことがあると、よそ様には隠そうとするのが普通だから、僕はこのイタリア人の自然なオープンさにはいつも大きな驚きを覚える。もちろん日本人の秘密主義には遠慮や思いやりなども含まれているのだろうけれど、ネガティブなことを語らずにひたすら隠していると、心が晴れなくて、悪い部分がどんどん消化不良を起こしてくるのではないだろうか。

イタリア人の陽気さ、素直さの背景には、周囲に対して秘密がないというシンプルな人間関係があるのだと思う。何でも隠さずに言うのは、自分が幸せになる一つの条件かもしれない。隠さないから、裏表もない、だから深い信頼も生まれる。年中、彼らの心の中は晴れている。

明日の晩ご飯は何時？

マリアンジェラ・ラーゴ

私は、食事の時間をとても大事にしています。大学で教えている生徒に、「あなたたちは、月に何回、家族と夕食を取りますか？」と聞くと、指で数え始めて「父は残業で帰宅が遅い」「母は働いている」「自分はアルバイト」と、いろいろな理由があって家族揃って夕食を取ることは少ない、と言うのです。これには驚きました。

イタリアでは、基本的に家族が揃って食事をしないというのはあり得ないこと。私の育ったブレーシャはそんなに大きな街ではないので、お昼にも家族皆が職場や学校から家に戻って来て、一緒に食べていました。ミラノやローマという大都会になると、職場と自宅間の距離があるため、昼食時に家に戻るということはなかなか難しいと思いますが、夕食は、必ず家族揃って自宅で取るのが基本です。そして食事が終わる頃になると、どこの家庭でも母親が言う言葉があります。――「明日の晩ご飯は何時にしましょうか？」

「あなたは何時に戻るの？」「あなたは何時？」と、家族の一人ひとりに聞いて、一番帰りの遅い人に夕食の時間を合わせるのです。もちろん、誰かが極端に遅く戻って来るとなれば、

「じゃあ、あなたは帰宅が遅いから、悪いけど私たちは先に食べるよ」と言い添えて、翌日の夕食時間が決まります。

そして、家族が揃う食卓には、手作りのお料理は欠かせないものだと思っています。ほかでは絶対に味わうことが出来ないマンマの味を、心のどこかにずっとしまっておいて欲しい。子どもたちは、将来、この味を通して、家族と共に過ごした素晴らしい時間をきっと思い出してくれる。それが家族の絆だと思う。だから私は、家族と一緒に食事を取れないことが続くと、怒ります。「ここを、ホテルみたいに、ただ寝るために帰る場所だと思わないで」と。


1980年代半ば、ローマのスペイン広場にマクドナルドがオープンしたことをきっかけに、イタリアでスローフード運動が生まれました。それは、ただ〝ゆっくりと美味しい食事をしましょう〟という単純なものではなく、その国独自の食文化が破壊され、世界中どこに行っても同じ味になってしまう危険性を説くものでした。国際化によって世界が単一化されていくことは、食文化のみならず、文化、習慣などにおける各国の特徴までも失われる可能性が秘められていると思います。

現代社会に生きる人たちは、あまりにも速い時間の流れに振り回されており、人生という豊かな旅路を自分でコントロールするのは簡単ではありません。しかし、時々でもそのことに気が付いて、時の流れにブレーキをかけることは、とても大事なことではないでしょうか。

ゆったりとした時間を大事にして、家族の絆、友情の絆をじっくりと深める時間が必要。そのために、手作りの愛情込もったお料理を作ることも、一つの方法ではないでしょうか。皆と美味しく楽しく過ごす貴重な時間は、二度と戻って来ません。

孝弘から一言!

マリアンジェラが日本に来た時、彼女はどうしても納豆だけは食べられなかった。それが、今では我が家の常備食の一つになっている。彼女は日本で生活しようと決めた以上、その食文化を少しでも多く理解しようと努力したのだと思う。

今では、彼女は毎日お釜でご飯を炊き、それをおひつに移して食べているだけでなく、最近ではお味噌や梅干しまで作る。しかも彼女は一つひとつをすごく丁寧に作るから、日本人が作ったものよりも美味しいと僕には感じられる。これは我が家のスローフードだと思っている。

マリアンジェラさんお手製の梅干し。

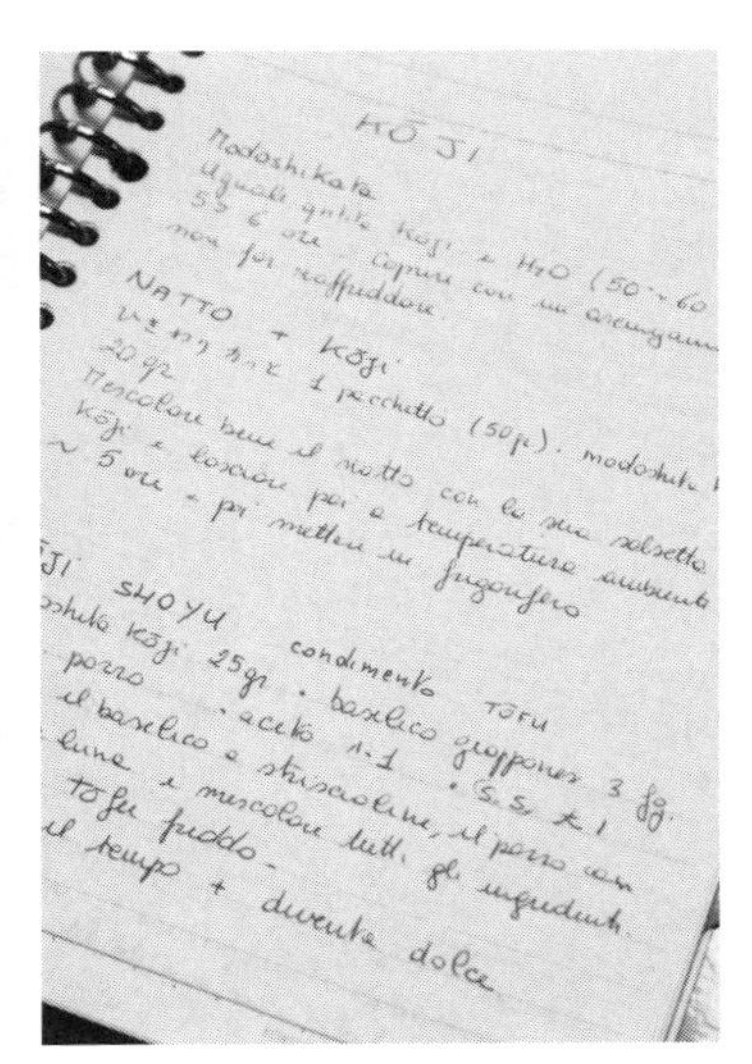

麹のレシピ、いろいろ。

なぜ、そんなに話すことがあるの？

マリアンジェラ・ラーゴ

我が家の夕食タイムは、毎日だいたい1時間半くらいです。家族皆で楽しく話しながら、ゆっくりと食事をします。私の家族は4人。それぞれが20分話せば、それだけでもう80分。単純に計算しても、食事の時間が最低1時間半は必要になるわけです。

「毎日毎日、どうしてそんなに話すことがあるの」と不思議に思うかもしれませんね。食卓に家族が揃うと、今日1日の出来事から始まり、「このソースは美味しいね」「そうでしょう、ママが庭で育てたトマトなの」「やっぱり新鮮が一番だね」「明日は何を作ろうか？」「ニョッキ！」「パパはあまり気が進まない」「じゃあ、食べなくてもいいよ。その分、私が食べる！」と、話はどんどん膨らんで、尽きることなく湧いてきます。

イタリアではどんな家庭でも、皆が大きな声で途切れることなく話すので、食卓は大変賑やかです。話をどこで終えるのかに苦心するほど。我が家の場合、話が盛り上がって長くなっている時など、遠回しに時間に気付かせるようにします。たとえば、「明日の夕食は何時にする？」という風にさらっと。それで話題はいったん途切れて、それぞれが時計を見たり考えたりすれば、「えっ！　もうこんな時間。宿題しなくてはいけない！」と、自然に話も収まります。

イタリア人は食事の席で、たびたびエキサイトします。たとえば、サッカーで違うチーム、違う選手を応援していると、「あの選手はファウルを取るために、年中わざと転ぶ」「いや、違う。上手だから狙われているんだ」「再生画面をよく見てみろ！　あのぐらいで転ぶわけないだろう」「足を引っかけられたのを見てない？　眼鏡かけろ！」「汚い手を使って優勝したところで意味ない」「そっちこそ優勝出来なくて悔しいんだろう」……云々。

老若男女を問わず政治談義も大好きで、「あの政治家は汚職をした、許せない」と父親が言うと、今度は母親が自分の政治的意見を語り出し、またその意見に対して子どもが話し出す。家族全員が、相手の意見に対して自分の考えを述べる。熱くなり過ぎているような時には、「なんだか、裁判所みたいね。あなた裁判官になって進めてよ」と歯切れの良い皮肉を一つ！　すると皆も、「熱くなり過ぎた」と気が付いて、そこで大笑い。

話は一方通行になることなく、それぞれが意見を述べる。子どもは子どもで親に遠慮することなく、自分の視点で意見を言う。イタリアでは、生活の中で子どもを排除することはありません。子どもがいる家庭に遊びに行けば、幼稚園児とも一緒に食事をするのが当たり前。小さな子どもに対しても、立派な家族の一員として接する。そんな環境の中で育った子どもたちは、成長するにつれて、誰の前でも臆することなく自分の考えをハッキリ言えるようになっていきます。

日本ではイタリアとは逆に、話をどう引き出すかというのが問題になるようです。皆、話したいという気持ちはありながら、意見を言うと、「生意気だ」「失礼になってしまうから」「私のほうが年下だから、意見は述べてはいけない」などなど、さまざまな配慮が働いて、なかなか自由に気持ちを表すことが出来ないようです。

なぜそこでブレーキがかかるのでしょう？　社交というものは、自分の意見も言うけれど、相手の意見も聞く、というところからスタートするのが基本。ほかの人がどんな考えを持っているのか知りたい、という気持ちを養えば、相手の話を喜んで聞けるようになります。それぞれが相手の意見を聞くことが出来れば、会話はスムーズに運ぶはずです。聞くこと、話すこと、どちらが先でもあとでもありません。相手との並列な関係が保たれることによって、自然と会話は膨らんでいきます。

一人ひとりの意見、考えが違うのは当然なこと。だから面白い。おしゃべりは団らん、議論は楽しみの一つ！

おかしいとママは感じたよ

関孝弘

食卓は家族の中心。毎日、家族全員が顔を合わせて楽しい時間を過ごすのが、我が家の食卓だ。誰でも、美味しい食事をしている時は、幸せを感じるもの。「イタリアの美味しいお料理がたくさん食べられて、幸せですね。うらやましい」とよく言われるけれど、我が家の食事は、意外とイタリア料理が少ないのです。日本の食材でイタリア料理を作ると、どこか微妙に違う味になるとマリアンジェラは言う。子どもたちには、なるべく本物のイタリアの味を覚えて欲しいという気持ちもあるらしく、彼女は、お客さんが来る時以外は、あまりイタリア料理を作らないようにしている。ミケーレがまだ小さかった頃、「ママがイタリア人でいいね！　毎日スパゲッティ食べてるんでしょ？　どんなソースなの？」と尋ねられると、彼は「納豆スパゲッティ！」と答えていたものです。

食卓は楽しい団らんのひと時ですが、いろいろと悩み事を話す場でもある。食事をしながらだと、気持ちもリラックスしているので、小さな悩み事は気にせずさらりと言えるのです。

ある日、「日本の生活が長くなったから、私、イタリアに戻った時にわからないことが時々起こる。ブレーシャに最近地下鉄が出来たでしょう？　乗ろうとしたけれど、チケットの買い方もホームへの入り方もわからなかった。駅員さんに尋ねたら、街の人なら誰でも知っているのに、と変な顔をされた。自分の街なのに外国人のように感じてしまったのよね。なんだか少し寂しい……」と、マリアンジェラが心配をもらした。

確かに、外国生活が長くなればなるほど、自分の国の状況の変化が見えにくくなってくる。最近は、特に変化のスピードが速いから、彼女の悩みもよくわかる。「ミラノに住んでいる日本人の友達が東京に来た時も、同じようなことがあったよね。地下鉄の切符の買い方がわからなくて、僕たちも驚いたじゃない。それと同じだよ。落ち込むほどの問題ではないんじゃない？」と僕は答えた。

悩みがある時の彼女は、いろいろと心の中のものを吐き出すと、結構楽になるようだ。心配事はいろいろあるけれど、最後にはいつも笑顔で「まあ、何とかなるさ」。

毎日、食事を共にしていると、子どもたちの表情、顔色の違いはすぐわかる。彼らの表情が暗いと感じたら、「ちょっと様子がおかしかったけれど、何かあるの？」と、マリアンジェラはすぐに声をかける。「別に何もないよ」と子どもは答えるけれど、彼女には何か問題があることは直感でわかっている。絶対に何かあると確信してはいるけれど、彼女はそれ以上突っ込まず、「そうなの。だったらいいんだけど。何となくママはおかしいと感じたから聞いただけ。何かあったら相談してね」と、その場は収める。

「食欲がなかったけれど」と始まり、「学校の問題？」「友達とはうまくいってるの？」としつこく誘導尋問を浴びせる母親が多いかもしれないが、マリアンジェラは「ちょっと聞いただけ」で終わらせる。ほじくり出そうとは絶対にしない。親心としては、今、どんな問題が子どもの心にひっかかっているのだろうか、と聞き出したいのはやまやまでしょう。だけど彼女は、「大丈夫よ。待っていれば、きっと向こうから相談に来るから」。

その後、何日か経つと、「実はね、学校でこんなことがあったんだ。でも、もう自分たちで解決したから大丈夫だよ」と、彼女の言う通りになることが多かった。「そう、良かったね。健康が一番だから、あまり悩まないほうがいいと思うよ」と、いつもの笑顔で応じるマリアンジェラ。絶えぬ笑顔は、家族の宝です。

マリアンジェラから一言！

高校生の時、英語の試験で悪い点数を取ってしまって、その結果を母に伝えられないことがありました。母は、「マリアンジェラ、どうしたの？　あまり顔色が良くないよ」と声をかけてきました。私の性格をよく知っている母は、「健康あれば、すべて良し」（Quando c'è la salute, c'è tutto.）というイタリアの諺について話してくれました。何よりも私の健康を一番大事にしてくれているんだ、ということを感じ、彼女に試験の結果を伝えることが出来たのでした。私は今でも母のこの時の言葉を忘れずに、家族にもいつも伝えています。

私が犯人

マリアンジェラ・ラーゴ

母親の子どもに対する愛情は、世界中どこに行っても変わりません。どんな親でも子どものために無償の愛をそそぐでしょう。子どもの笑顔を見れば、親も嬉しくなるし、子どもが病気で苦しんでいれば、親も苦しみを味わいます。親の務めは、子どもが安定した強い気持ちを持ち続けられるように、常に下から支えてあげることだと思います。

「私はあなたのことを、お腹を痛めて産んであげた」という言葉を、私は日本に来て初めて聞きました。――〝あげた〟って、どういう意味？――少し驚きでした。子どもは親の都合で産まれて来るのであり、本人は、もしかすると産まれて来たくなかったかもしれない。「産んであげた」のではなく、「産まれて来てくれた」のだと思う。親はそのことに感謝すべきではないでしょうか。

子どもは成長するにしたがって、反抗期もあれば、口答えもします。親子ゲンカの時、よく日本の母親が言う、決め台詞がありますね。「誰のおかげで、大きくなったのかしら」――私は、一度も言われたことがないし、言ったこともありません。「私が産んだのだから、私が犯人ね」と、心の中で思っています。親子ゲンカでバトルになることもありますが、その時の自分の言葉、態度が、子どもたちの心の重荷にならないようにすることが、大事だと思います。

つい最近、私は子どもたちに、「ママを一言で表現すると何？」と尋ねました。すると、「一番！」と答えが返ってきた。嬉しかった。子どもたちが私のことを「一番」と思い続けてくれれば、こんな幸せはほかにないだろうな、と思っています。

最高の親子関係とは、子どもが「この家族に産まれて来て幸せだ」と思えることではないでしょうか。親の幸せとは、子どもが幸せなこと。もし、子どもが、「産まれて来なければ良かった」と思っているとしたら、それは親にとって最大の不幸です。

少し前のことですが、日本のママ友達と話している時、「老後は誰と暮らすか」という話題になったことがありました。――「私が産んであげたのだから、老後は面倒を見てくれるべきよね」「ここまで投資して、立派に育て上げたのだから、世話をしてもらわないとねえ」

私も、自分の老後のことは、時々心配になります。でも、子どもというものは、自分に対して一生懸命な親の姿を見てきたならば、親が必要とする時に自然と手助けをしてくれるはず。もし、「親の面倒を見るべきだ」と言われたとしたら、どんな子どもでも嫌な気持ちが芽生えてしまう。私は、そんな親子関係は作りたくありません。子どもにも子どもの人生があ

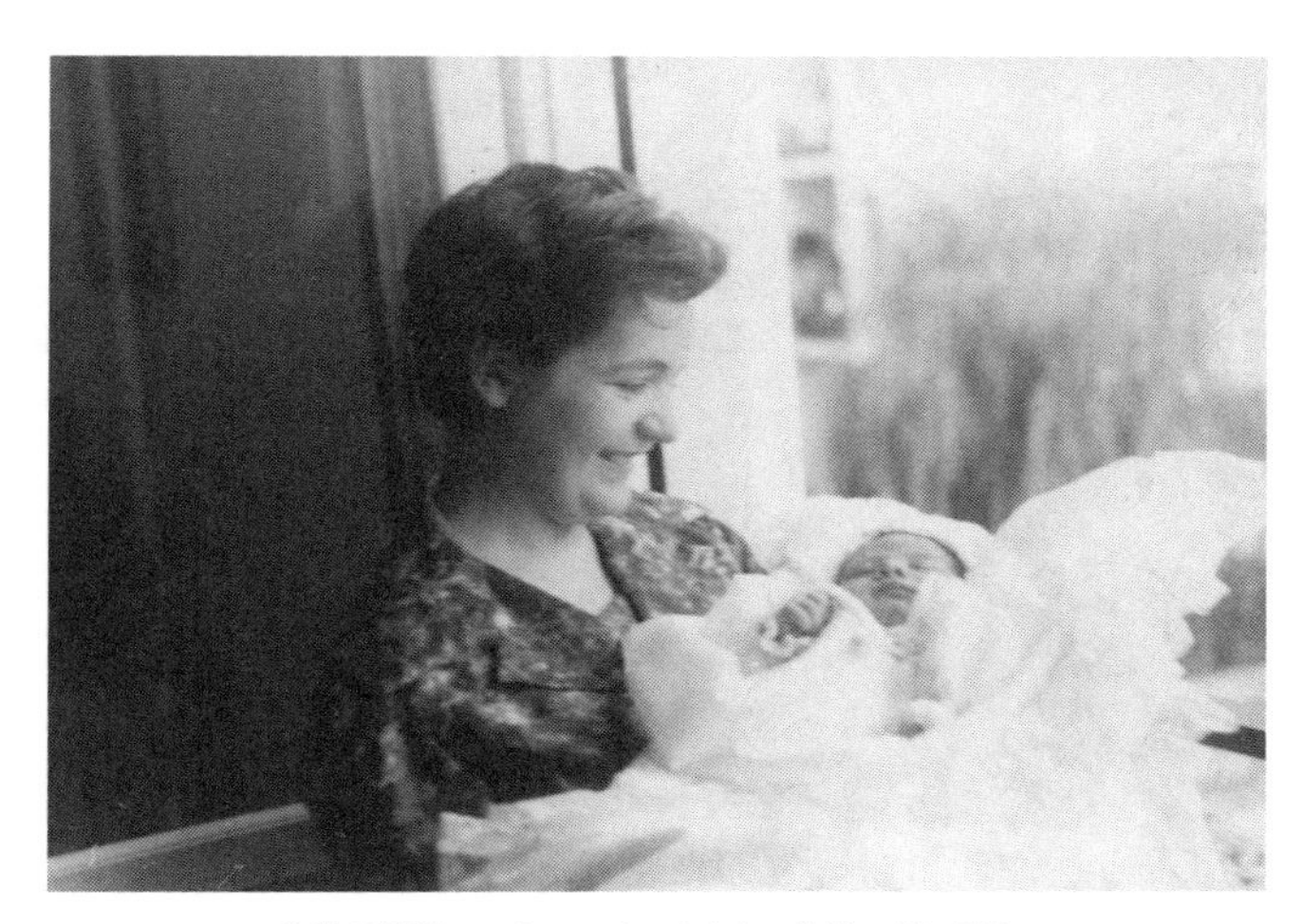

生後1週間のマリアンジェラさん、洗礼の日に母と。

ります。どちらの人生も大事にしたいものです。

私の母親は今、77歳。かつて交通事故に遭い、長い間生死をさまよい続けましたが、奇跡的に助かったという過去があります。

当時、退院後も自分一人で生活が出来るよう、リハビリに励む彼女の姿に、私は教えられました。退院当初は椅子から立ち上がるだけで30分はかかるほど筋肉が衰えていたのに、ほかの人の助けを一切拒否して、どんなに時間がかかっても、どんなことでも一人でやるという強い意志を貫き通しました。言葉もスムーズに出て来ないのに、買い物も、一人で杖をついてスーパーまで歩いて行っていました。私たちに可哀想な病人だと思われて、その大事な時間を自分の看病のために使わせては絶対にいけないと思っていたようです。

「マンマ、リハビリにはお料理がいいわ。毎日違う食材を使って料理を作ると、体も健康になるし、気分も晴れるからね」――私の提案に、母は文字を書くのも練習になるからと、料理雑誌を買って来て毎日レシピを書き写していました。事故後、みみずが這ったような字しか書けなかった彼女も、今では元通りのきれいな字を書けるようになっています。

医師から〝機能回復の可能性ゼロ〟と言われた人が、毎年一人で飛行機に乗って日本に遊びに来るまでに、自力で回復しました。母を見ていると、私も頑張らなくてはいけないと思う。体を張って、我が子の幸せを見守るのが母親です。

夫婦円満の妙薬

マリアンジェラ・ラーゴ

イタリア人女性が日本人男性と結婚して、まず最初にぶつかる大きな壁は、仕事のあとに男同士で飲みに行くという習慣ではないでしょうか。私の主人はピアニストという特殊な仕事ですし、イタリア生活が長いということもあり、私の周りではこのような問題が起きなくて幸運でした。

日本に来て、まずビックリしたことの一つが、夜の電車には酔っぱらっている人がたくさんいること。イタリアでは、仕事帰りに職場の仲間同士で飲んで帰る、日頃の愚痴を飲んだ勢いで話すといった、ストレス発散のためにお酒を飲むという習慣はまったくありません。夫が飲みに行って夜中まで帰って来ないとなると、イタリア人女性は、「私を大事に思っていない」と感じてしまうでしょう。

大好きな人と結婚したのだから、1時間でも多く一緒にいたいし、話もしたい。一緒にいる時間が短ければ絆も深まらない。ですから私も孝弘に、「酔っ払って帰って来るならば外よ。家には絶対入れない」と宣言しています。結婚して25年経った今も、その考え方は変えられません。

さらに日本では、会社や友人の家、謝恩会などに招待された時も、夫婦単位ではなく夫が代表して出席する。ヨーロッパでは、結婚している場合、そういう席には夫婦同伴が普通。夫がパーティに招待されれば、妻も一緒に行きます。もし、夫婦どちらも元気なのに一人で出席したら、たちまち、あのご夫婦はうまくいってないのかしらと、噂になってしまうでしょう。

孝弘が食事に招待された時、こんな出来事がありました。「こんばんは」と二人並んで挨拶をすると、その家の奥様が、「まあ、マリアンジェラさんもご一緒なのね」と言うか言わないうちに、奥に引っ込んでゴソゴソしている。（一体何をしているんだろう？）と思いながらテーブルに着くと、椅子がＩ脚足りない、お皿とフォークがＩセット足りない。（そうか、あわてて私の分を用意してくれていたんだ、ゴメンナサイ……）。そういう光景に、何度か遭遇しました。

日本の女性ならば、（夫の友達の集まりだし、私は声をかけられていないのだから）と理解して、夫と共に外出するのを避けるかもしれません。日本には日本の慣習があると思いますが、私たちは国際結婚でもあるし、孝弘と相談して〝夫婦単位で行動する〟という基本スタイルを決めていたので、それを崩すことはしませんでした。

時が経つにつれて、周りの人々も私たちのことを〝こういう夫婦なのだ〟と徐々に理解して下さるようになり、二人が一緒に行動することに、まったく問題はなくなりました。今では、私が用事があって一緒にでかけられないと、「マリアンジェラはどうしたの？　具合でも悪いの？」と心配されるほどです。

孝弘から一言！

国際結婚の場合、普通の家族よりお互いの助け合いが、より多く必要とされるのは間違いない。しかし、僕たちの場合は家庭だけではなく、仕事でも助け合っている。イタリア音楽の楽譜出版などの仕事をする時には、膨大なイタリア語の資料を読み込まなくてはならず、彼女の助けなしでは成り立たない。コンサートでも、必ず彼女の耳を頼りにピアノの置き場所を決めている。反対に、彼女が生物学の専門知識を生かして行っている音楽医療の研究にあたっては、僕がピアニストとしてサポートをする。このように、ほとんど毎日、24時間一緒にいる場合が多い。僕たちは、いつも二人三脚である。

足先のスキンシップ

関孝弘

日本では、〝仕事を頑張ればより良いポジションが得られるし、収入も増えるのだから、もっと大きな幸せが待っている〟と考える人も多いだろうが、イタリア人の女性はそんなことは望んでいないし、理解も出来ない。イタリアでは男性がそんなことをやれば、すぐに家庭が崩壊する。「家族がいて、美味しいパスタが食べられるのに、あなたはそれ以上、何が必要なの？」という論法なのです。「家族あっての仕事」と考えるイタリア、「仕事あっての家族」と考える日本。真逆です。

僕の周りにいた、日本に住んでいる日本人男性とイタリア人女性の国際結婚カップルのほとんどが離婚してしまいました。きっと、こんな習慣の違いの狭間に漂って、破局に至ったのではないかと思う。文化、考え方のまったく違う二人が理解し合うのは簡単ではありません。日本人同士でもなかなかわかり合えないのだから、国際結婚はもっと大変。でも、面白いことがたくさんあるのも事実。夫婦二人が、大きく違うお互いの文化を理解していくことが出来れば、絶対にうまくいく。

日常の生活スタイルは国によってさまざま。たとえば、日本にダブルベッドの習慣が少ないのは、寝返りをうてば隣の人の目が覚めてしまうし、掛け布団は引っ張られるし、お互いぐっすり眠るのには不都合が多いと考えるからだろうか。僕も初めはそう思っていた。でも、ちょっと待てよ。ダブルベッドと二つのシングルベッド、それぞれ良さがあるのだろうが、実際に使ってみると、二人が一つのベッドで寝るというのは、冬には結構暖かく快適なもの。眠ってしまえば、隣の動きなどまったく感じない。それに何よりも、ダブルベッドは夫婦の絆に大きな役割を果たしていることに気が付きました。

僕たち夫婦は、ケンカというものをまだ一度もしたことがありません。が、意見の相違などで重い雰囲気が漂ってしまうことは、たまには起こる。そんな時に役立つのが、このダブルベッドなのです。どちらかが足を伸ばし、偶然隣の足に触れたようにする。すると、触れられたほうも、その少しあとに足を伸ばして相手の足に触れる……。無言の足先のスキンシップ。これを数回繰り返せば、さっきまでの小さな気まずさは足の温かさによって氷解し、翌朝には元の関係に戻っている。ダブルベッドだからこその凄技！

もし二つのシングルベッドを使う夫婦だったら、体の温もりは感じ合えず、気まずさの修正に時間がかかり、下手すればそのまま悪化、なんていうこともあり得るかもしれない。動物たちが、寄り添い丸くなって寝ているのは、このスキンシップの大事さを本能的に知っているからだと思う。変に頭を使い過ぎるようになってしまった人間。生きている証である体の温もりの大切さを忘れてはいけないと思う。

イタリアのショパンと呼ばれた作曲家のヴェッキアート先生[*]。30年にわたり家族ぐるみの交流を結んだ彼とは、たくさんの思い出がある。僕がイタリアに留学して初めて受けたコンクールは「パルマ・ドーロ国際音楽コンクール」。その創設者がヴェッキアート先生だった。そのコンクールでの受賞以来、毎年コンサートに招待されるようになったのが、彼との交流の始まりだ。

僕とマリアンジェラは、毎年、春のフィレンツェのコンサートのあとには、ヴェッキアートご夫妻を訪ねる習慣になっていて、ある年、いつものようにミモザの黄色い花が咲く頃、ジェノバから車で30分ほどの場所に位置する美しい海の街フィナーレ・リーグレに向かった。夏のヴァカンスの時期には多くの人で賑わう有数の避暑地であるが、春のこの時期には静寂に包まれている。僕たちが会いに行くと、ヴェッキアート先生はいつも、奥様のジャンナさんと二人揃って出迎えてくれていた。しかしその時は、80歳のヴェッキアート先生一人だけ。彼は、「今年も来てくれてありがとう。本当に嬉しいよ。君たちに会えるのをいつもジャンナと一緒に楽しみにしているんだ」と言ったあと、続けて、奥様のジャンナさんが重いヘルペスにかかり、ちょっとした肌の擦れにもひどい痛みを感じるようになってしまったことを打ち明けた。洋服を着るのもままならない状況らしい。

マリアンジェラさんと生後間もないミケーレ、そしてヴェッキアート先生。
フィナーレ・リーグレで開催される「パルマ・ドーロ国際音楽コンクール」の会場にて。

「今は、彼女と一緒に寝るのも本当に大変なんだ。私がちょっとでも寝返りをうてば、すごい痛みを感じさせてしまうからな」と先生。「動かないで寝るのは不可能だろうし、先生の体も大事だから、別のベッドで寝たほうがいいんじゃないですか」と僕が言うと、彼は、それはそれは悲しそうな顔になった。「タカヒロ。そんなこと、人間として出来ると思うか？　彼女は今、私の支えが最も必要な時なんだ。病気だからといって、彼女を一人にすることなんか出来ない。前よりもっとそばにいてあげたい。私が気を付けて、シーツを動かさないようにしてあげればいいだけじゃないか？」——敬虔なキリスト教徒でもあったヴェッキアート先生からは、人間としての在り方をいろいろ教わった。

彼には障害を持つ息子パオロがいて、毎日欠かさず決まった時間に、パオロを連れて海岸沿いの道を1時間ほど散歩するのを日課としていました。そして帰り道には必ず同じ喫茶店でコーヒーを飲み、タバコを一服する。そんな彼の生活のリズムは、完全にパオロに合わせて組み立てられていたから、僕たちが会うのはいつも息子を寝かせたあとの夜9時過ぎだった。ヴェッキアート先生は、自身が亡くなるまで、そんな風に自分の家族をとても大事にしていました。

彼は、ロミオとジュリエットの舞台で知られる古都ヴェローナの出身でしたが、パオロのために冬も温暖なフィナーレ・リーグレに長い間住み続けていました。ヴェローナにはアルプスを源流とする雄大なアディジェ川が流れ、そのほとりに彼は美しい宮殿を持っていた。かっては多くの文化人が集まるサロンが開かれていたその場所も、彼が移住して以来、誰にも使われず、閉め切られたままになっていた。しかし、年にたった一度、彼が催すコンサートの時だけはこの宮殿の扉が開く。ヴェローナに強いノスタルジーを抱いていたヴェッキアート先生にとっては、年に1日きりのこの帰郷が何よりの楽しみであったようで、いつも目を輝かせて語っていました。

ある静かな夜、彼の語った言葉は、僕の心の奥底に今でも響いている。——「タカヒロ、音楽は自由なものだ。音は誰の耳にも簡単に届く。そこまでは単なる音だ。しかし、その音が心の奥底まで届いた時に、初めて、音は音楽に変わるのだ」

＊アロイーゼ・ヴェッキアート（1913〜2004）

北イタリアの古都ヴェローナ生まれの作曲家。日本の叙情歌にも通ずるような哀愁を帯びたメロディー、温かく柔らかなヒューマン溢れる響きで、世界中の人々を魅了している。関さんに捧げる曲も多数作曲。日本でも楽譜（全音楽譜出版社）・CD（ブリッランテ）が発売されており、近年演奏される機会が増している。

何もないけど、すべてある

マリアンジェラ・ラーゴ

「こんな山里にいると、春の賑わいは格別。食卓は自然の豊かな恵み、春の香りで溢れかえっています。是非一度いらして下さい」と、友人から何度も便りをいただきました。彼は、都会より何倍も色濃い風光に包まれる暮らしを求めて、脱サラして千葉から新潟の山里に移住しました。何年も前から、私たち家族に遊びに来てと誘ってくれていましたが、なかなか日程を取ることが出来ず、実現していませんでした。そんなある時、彼が私たちの家に遊びに来て、「マリアンジェラさん、手帳を持って来て！　なかなか来てもらえないから、今日、ここで来る日を決めちゃいましょうよ」ということに。そうして私たちは、春のゴールデンウィークに、日本有数の豪雪地帯、新潟の山奥を訪問することになりました。

5月の頭だというのに、その時はまだ山には雪が残っていて、急な山道には雪解け水がザーッと音を立てて流れていました。私はイタリアのアルプスを思い出し、心の安らぎを感じました。彼の家に到着すると、そこはところどころに茅葺きの農家がポツンポツンと見られるだけの、本当に何もないところ。すぐそばには川が流れ、山の裾野にはツクシやフキノトウが顔を出していました。子どもたちは、まだ残っている雪を目指して、一目散にそり遊びへ。雪の斜面をキラキラと光りながら滑るそりを見て、私は、まるで早春のイタリアにいるように思えました。

夕方になると、「さあ、そろそろ夕食の支度でもしましょうかね。山へおかずの調達に行きますよ！」と友人。そうか、ここではスーパーに買い物に行くのではなく、自分で採りに行くのですね。こんな生活、しばらく忘れていましたが、イタリアでも、子どもの頃にはよく山で山菜を採って来て、美味しいリゾットを作っていたことを思い出しました。そうして山に入ると、フキノトウ、カタクリの花、イカリ草、ワラビなど、驚くほど簡単に、たくさんゲット。家に戻って、すぐに天ぷらでいただきました。新鮮な春の恵みは、都会のどんな贅を尽くした料理も遠く及びません。そして、天ぷらにかけたお醤油がまたなんて美味しかったこと。

「この醤油、美味しい！　東京に持って帰りたい」と孝弘。村にI軒だけあるよろず屋にその醤油があるというので、さっそく買いに行きました。「こんにちは……」と声をかけても、お店の人は出て来ません。「すいませ〜ん、誰かいますか」と大きな声をかけると、中からおばあさんが出て来ました。――「こちらのお醤油がとっても美味しかったので、買いに来ました」「おや、驚いたね、外人さんかね。どこからいらしたんだい？」「イタリア」「へえ、そんな遠いところから、なんでまた、こんな山奥に？」

そうして、友人がこの山里に住んでいること、私たちはイタリアで結婚して日本に来て生活していること、今家族でここに遊びに来ていること、残雪を見てイタリアの山を思い出したことなどを話すと、「そうだったんかいねえ。私の孫もドイツに嫁いでいるんですよ。元気にしているかな……」とおばあさん。彼女は、「ちょっと待っててね」と言って、部屋の奥に引っ込んで行きました。そうして、「これ、今、畑から採ったばかりなんだけど、持って行くかね？」と、自分の畑で作った特大の泥付き大根を2本、紙に包んで渡してくれた。「まあまあ、召しあがって下され。今度来た時には、また寄って下さいね」——心温まるとはこういうことか。じんわりと、心の奥まで温かい……。

翌日は、朝から山菜摘み。子どもたちも一緒に山に入り、ツクシ、コゴミ、ワサビの葉、ヨモギ採りです。友人は言いました。「根こそぎ全部採ってはいけませんよ。必ず少し残して。そうするとまた来年、植物はその恵みを人間にも分けてくれるのです」

その後、私たちは、村で暮らすおばあさんたちに、山草を使った野草茶の作り方を教えてもらいました。それも今では我が家のお茶として進化し、ドクダミ、ヨモギ、カラムシ、柿の葉、センブリ、タマネギの皮、ビワの葉、トウモロコシのひげ、レイシ……合計15種類をブレンドするオリジナルの健康茶になっています。

タマネギの皮も捨てずに、乾燥させてお茶の中に入れる。そうすると味がまろやかになることも、その時に教わりました。「オラが作った大事なタマネギだから、全部大切にしないと

棚田をバックにフルートを吹くミケーレ。
新潟県柏崎市高柳の山間に広がる棚田は「日本の棚田百選」に認定され、
日本の原風景と言われる。

毎年、早春には家族で新潟の山奥、高柳に住む大橋さん宅を訪れる。
写真、後列右から二人目が大橋さん、前列右が大橋夫人。

ね……」と言うおばあさんの言葉は、イタリアの〝スローフード〟と同じ発想です。「カボチャの種はよく洗って、干して、皮をむいて食べるといいよ」――これは私も、イタリアでよくやっていたこと。スーパーで買ったカボチャは、我が家では必ず種まで食べます。種を取り出したら、竹ざるに入れて日光に干すだけ。とっても簡単で美味しくておすすめです。

この村も過疎化がどんどん進んでいますが、お年寄りはまだまだ頑張って暮らしている。ある日、薪割りをするおじいさんを見たミケーレは、I日彼のお手伝いをしていました。そして、ミケーレはお餅が好きだと聞いたおじいさんは、私たちが東京へ帰る日、お餅をついてミケーレに持たせてくれた。孝弘も、この山村にある全校生徒I0数名の小学校で、年I回コンサートを開いていました。エレナは自然が大好きで、カエルやザリガニ採りに夢中になっている。一時期は本気で、子どもたちにI年間の山村留学を考えたほどでしたが、残念ながらこの小学校、数年前に閉校になってしまいました。

この村には都会の便利さは何もないけれど、人間にとって大事なものがすべてあると思う。この新潟の山村との出会いは、私たち家族に大きな幸せをもたらしてくれました。今でも毎年春には、イタリアの母も連れて出かけます。

お釜とパスタマシン

マリアンジェラ・ラーゴ

「小学校の社会科の授業で『昔の暮らし』というのを教わったよ」と、エレナがある日の夕食時、身を乗り出して、話し始めました。――「ママ、お釜とおひつが出て来たよ!」「エレナの家では、ご飯をお釜で炊いて、おひつに移して食べているって、言った?」「嫌だ、言わないよ。だって恥ずかしいじゃない。昔の生活スタイルなんて」

我が家ではずいぶん前から、お釜でご飯を炊いています。新潟の山奥に住む友人宅を訪ねた時の、薪とお釜で炊いてくれたご飯の美味しさが忘れられなくて、東京でもお釜を探し求めましたが、今の時代、そう簡単には見つかりません。そんな時、友人の一人がコンサートに来てくれた際に、「これ、お花代わりにどうぞ」とプレゼントしてくれたのです。それ以来、我が家では炊飯器の出番がなくなり、お釜でご飯のレトロな時代に逆戻り。初めてそのお釜でご飯を炊いた時には、「これ以上ふっくら、ツヤのあるご飯は、ほかにないかもしれない」とさえ思いました。炊き方が違うだけで、米の美しさが違う。おひつに入れるとさらに、その米本来の味が出て来ます。「このご飯、冷めても美味しいね」と、子どもたちにもその違いがわかるようです。

日本に来たばかりの頃は、私も炊飯器を使っていましたが、25年間、毎日のように日本食を食べていると、何はなくとも、温かいふっくらごはんが美味しいと感じられてくる。お釜で炊くご飯の美味しさに気が付いた時から、私はご飯を炊くことがとっても楽しいと思うようになりました。仕事の都合で時間がなく、レストランに子どもたちを連れて行ってしまうこともあるし、今日はもういいや、その辺にあるもので間に合わせてしまおうという日もあるけれども、やはり、お釜で炊いたご飯がないと、元気が出て来ない。

昔と違って、今は女性も外で働く方が多くなっているし、時間の流れも速くなっている。デジタル的生活を強いられるのは仕方ないというのもよくわかるけれど、日曜日など時間がある時には、こんな昔の暮らしを再現するのも高級なように思います。子どもたちにも、日本の素晴らしい伝統が伝わるので、両得です。

私は、自分が落ち込んでいる時には、手打ちパスタを食べると元気になります。イタリアでも、クリスマス、復活祭などの大事な日には必ず、母の手作りパスタでお祝いをしたものです。今でも母は、私たち家族がイタリアに戻ると、必ず手打ちパスタを作って待っていてくれる。母の手打ちパスタを食べると、さまざまな思い出がジンワリとよみがえってきます。

私も母と同じように、時々、子どもたちと一緒に手打ちパスタを作ります。確かに時間は

台所には100Vと200V、2種類のコンセントを設置。
パスタマシン、生ハムスライサー、エスプレッソマシン、ジェラートマシン、
お釜、おひつ、土瓶など、日伊の調理道具が同居する。

手製の保存食品の一部。調味料、ジャム、漬物、果実酒など多数。

かかるし、そんな面倒くさいことをするのなら、乾麺を買って来たほうが簡単だと思うかもしれないけれど、それでは、マンマの味にならない。子どもたちの心には残らない。だから私は時間がかかっても、子どもたちのために手打ちパスタを作ることを大切にしています。彼らが大きくなって何かで落ち込んだ時に、手作りパスタを食べれば、私の姿を思い出して、きっとまた元気になってくれるはずです。

ある時、エレナの友達が家に遊びに来た時のこと。その子はキッチンにあるおひつを見て、「あれ何?」と訊きました。「これはね、おひつって言ってね……」――イタリア人が日本の子におひつの説明をしているのって、何か不思議な感じがしますね。

梅干しとオリーブオイル

関孝弘

僕がイタリアの社会に溶け込んで35年ほどが経つけれど、やはり僕は日本人だと思う。イタリアは自分にとってかけがえのない世界でもあるし、その素晴らしさはよーく知っている。でも、最後の最後で僕はイタリア人にはなれないな、と思わされる瞬間がある。

熱が38度以上あって唸っているような最悪の体調の時、僕が何とか食べられるのは、鰹節をかけたお粥と梅干し。マリアンジェラに尋ねてみると「私は絶対、白いご飯にオリーブオイルとパルメザンチーズをかけたもの」と答える。ウッ、そんなのが出て来たら、オリーブオイルの匂いが鼻につき、とたんに気持ちが悪くなるだろう。体が弱っている時は、オリーブオイルをかけるのだけは絶対に勘弁。そしてチーズもダメ。どんなにイタリア万歳と叫んでも、僕は最後には日本人なんだと実感させられる時である。

人間の本性というものは、そうやって追い詰められた時に顔を出して来るのだろうか。生きるために必要な物は何か、その究極の選択には、心の奥底にある本能が強く働くようだ。

それに似たもう一つの経験。前出の新潟の山奥に住む友人のところに遊びに行った時のこと。友人は中央アジアの旅から戻った直後で、「関さん、これ飲む？　貴重品だよ！」と、ペットボトルに入れて持ち帰った白い液体を見せてくれた。「何ですか、それ？」「これね、キルギスタンの遊牧民が、汗血馬という歴史的な名馬のミルクで作った酒。馬乳酒の元祖なんだ。貴重だからちょこっとだけ、どう？」と、おちょこについでくれる。「ありがとうございます」と口元に持ってくると、「……!!」――強烈な臭いが鼻をつく。馬小屋に溜まった藁と糞を混ぜて腐らせたような、表現不可能な臭い。勇気をふりしぼって、ちょっと舌でなめてみる。「ウッ、無理。絶対に無理！」――一体、誰がこんな物を飲めるんだ。

するると友人は「いや、これは確かに、日本人には普通、飲めないと思う。でも、マリアンジェラさんは飲めると思いますよ。チーズ文化の国の人には絶対飲めるはずだから、是非彼女に試してもらいたい」と説を唱える。

数カ月後、マリアンジェラとイタリアから来ていた彼女の母親を連れて、再び新潟に。「まだ、例の馬乳酒あります？」と尋ねると、彼は待ってましたとばかりに、「ありますよ、あるある」と、嬉しそうに冷蔵庫からその馬乳酒を出して来た。――「マリアンジェラさん、どうですか？　美味しいでしょう？」「うん、美味しいわ」「えっ！　マリアンジェラ、嘘でしょう。すごい臭いで飲めなくない？」「別に」――

友人の説は完全に的中。やはりヨーロッパのチーズ文化圏の人には、ミルクを腐らせた臭いがDNAの中に組み込まれているようです。それを確かめるために、今度は彼女の母親に味わってもらいました。すると、「美味しい、まったくイヤな臭いではない。美味しいチーズの臭いではないですか？」。この時の友人のご満悦の顔ったらなかった。

人間の遺伝子に組み込まれた本能は、絶対に嘘をつきませんね。梅干しとオリーブオイル、二つのDNAが互いの国境を越えるのは、そう簡単ではないようだ。

Capitolo 04

友に巡り合えた人は宝を手に入れたのと同じ

L'AMICIZIA

人間味豊か、好奇心旺盛な人々

関 孝弘

「イタリアからイタリア人をなくしたら、こんなに良い国はない」という言葉を日本の友人から聞いたことがある。でも、僕はそう思わない。街は博物館みたいで美しいが、そこに住むイタリア人のいい加減さが嫌なのだろうとは想像出来るけれど、僕はそこにこそイタリアの素晴らしい魅力を感じてしまうのです。何と言っても、人間味豊かで好奇心旺盛な人たちが多い。皆、話が大好きで、ところかまわず話しかけてくる。買い物に行けば、レジの人は「あなたは日本から来たの？」「福島の原発は今、どうなっていますか？」「地震は落ち着きましたか？」と、次々に話しかけてくる。僕の後ろには行列が出来ているので、注意されるのではと思いきや、そこに並んでいる人たちまでが、「私、日本の漫画に興味があるんだけれど……」「来月、娘が日本に行くけれど、あなたはどこにお住まい？　東京ですか？」と、こんな具合でなかなか会計が終わらない。この笑顔と人懐っこさは、イタリア人ならではのもの。

ミラノのマルペンサ空港のチェックインカウンターを訪れた時もそう。そこの女性係員が、「東京ですか、いいですね。ＪＡＬのミラノ直行便がなくなって残念ですねえ。私は日本に行

元銀行員の友人。銀行窓口を訪ねた際に、日本語で話しかけてきた。
毎年夏には自宅を訪ね、再会を楽しむ。
今はリタイアして、絵を描き展覧会を開催したり、小説を書き出版するなどしている。

きたいばっかりに、日本語を勉強してＪＡＬに就職しましたが、本当に残念。あら、眼鏡をかけないとパスポート番号がよく見えませんね。歳かな？　うちの主人もね、私のことを歳を取ったと言うけれども、やっぱりその通りですね……」と、仕事をしながら、どうでもいいような世間話をしてくる。そんな人たちに出会うと、温かいな、イタリアはやっぱり面白いなと、僕は楽しい気分で胸が一杯になってしまう。

少し前にも、「今、日本に来ているんですけど、ご無理でなければお会い出来ませんか？」と、イタリアのレジで偶然に出会った人から電話をもらった。新しい人間関係が、どんなところからでも始まる。人間関係がどんどん広がってしまう国、それがイタリアなんです。

3.11東日本大震災の直後、たくさんのイタリアの友人から電話がかかってきました。連日、朝早くから夜遅くまで、「大丈夫か、被害はないか」「家は潰れていないか」「子どもたちを放射能から守るのは親の役目だ。すぐにイタリアに避難して来い！」「イタリアで住む家も、仕事もちゃんと見つけておくから、今すぐに飛行機に乗れ」とひっきりなし。電話が終わるとまた電話、ジャンジャン鳴りっぱなし。そんな状態が1週間は続いたでしょうか。僕たちのことをまるで自分のことのように心配してくれる彼らの友情には、今でも感謝しています。問題がある時にこそ、真の友人は手を差し出してくれる。

イタリア人がいい加減で適当に見えるのは、彼らのほんの一面に過ぎない。僕にとっての彼らは、人間味溢れる実に温かな人たちなのです。

スキンシップに救われるもの

マリアンジェラ・ラーゴ

挨拶をする時、イタリアでは普通、握手をして抱擁をします。ところが日本の挨拶はお辞儀だけ。それぞれの国の習慣の違いだからと、始めは特に疑問を感じませんでしたが、自分が苦しかった時、そのスキンシップの少なさが私には非常に寂しく、辛く感じられました。

私の母がイタリアで交通事故に遭った時のこと。ある日、「もう希望がないから、すぐに戻って来ないと、お葬式に間に合わない」という突然の知らせを受けました。ミケーレが生まれて、まだ1カ月ほどの出来事。私は生まれたばかりの彼を再び産婦人科の病院に預けて、すぐに日本からイタリアの母の元に駆けつけました。

病院に着くと、家族は皆、私の到着を待っていたようで、言葉もなく、涙を浮かべて私を強く抱きしめてくれました。何年もこんなスキンシップから遠ざかっていた私は、彼らの温もりが肌を通して心にまで届くのを感じました。今でも体に残るその感触は、〝私は一人ではないのだ〟という気持ちにさせてくれます。

病院で緊張が続く中、医師から「今、ここにいても、あなたに出来ることは何もありませんよ。それより、日本に残してきた赤ちゃんは母親を必要としているのだから、すぐに戻って抱きしめてあげなさい」と言われました。迷ったあげく、後ろ髪をひかれる思いで、私は日本に戻って来ました。

不安で不安で仕方がない毎日。朝、近所の人と交わす挨拶はお辞儀だけ。誰かが私の肩をポンと叩いて、「マリアンジェラ、おはよう」と言ってくれないかな……。故郷に戻れば、「ボンジョールノ」と、出会う人誰もが挨拶し合い、握手を交わす。そんな手と手の触れ合いがすごく恋しかった。イタリアで暮らしていた時には、特別なことだとは思わなかったけれども、苦しい時には、そんなわずかなスキンシップでも、あるのとないのとではこんなにも違うのだと感じました。

日本人だって心の温かさはイタリア人と変わらないと思うけれど、なかなかそれを直接的に表現することはありません。頭では理解出来ていても、それが私にはもどかしい。お互いが生きている証である体の温もりを触れ合わせることで、よりシンプルに、言葉以上に気持ちを伝え合うことが出来るのですから。

私は大学の時に、交通事故や家庭不和などのショックによって、話せなくなってしまった子どもたちについて研究をしました。小児病院に通って、不安の中にあるたくさんの子どもたちと接しましたが、彼らにとって一番効果のある不安解消法は、自分の母親に抱きしめら

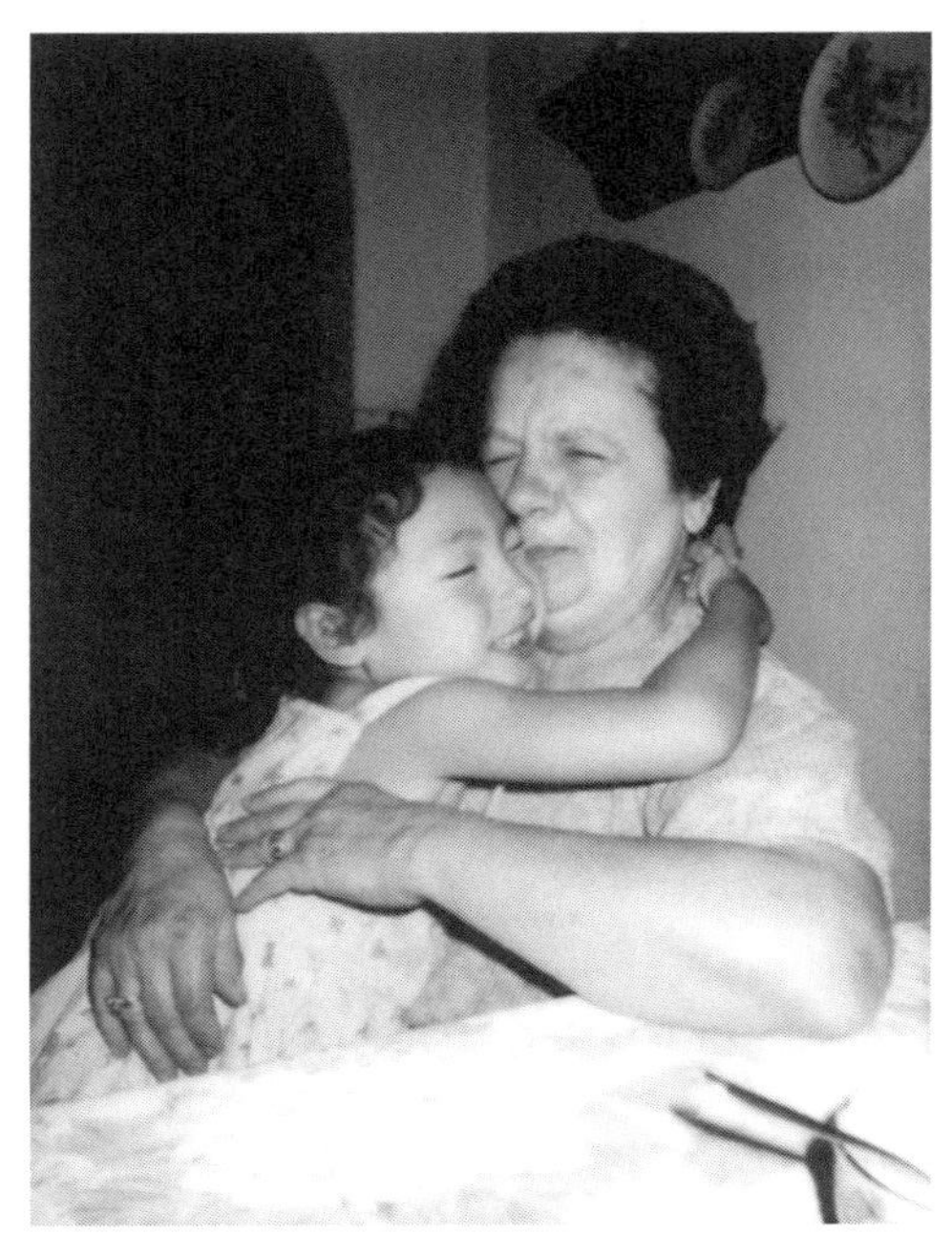

大好きなおばあちゃん！

れることだった。自分が産まれて来た母の温もりが、体の奥底にまだ残っているのだろうと推測されました。

スキンシップが心にもたらす素晴らしい効果を、そうしたいろいろな形で実感してきた私は、子育てにおいてはスキンシップに最も気を配りました。その影響かどうかはわかりませんが、二人の子どもたちは、かなり大きくなってからも、私と手をつないで歩いたり、膝の上に乗ってテレビを見たりしていました。日本ではあまり見かけない光景かもしれません。

私が日本で初めて家族以外の人とスキンシップをしたのは、皮肉なことに満員電車。ギューギューに押し込められた、居心地の悪いスキンシップ。これは何とか減って欲しいけれど、知人・友人たちとの温かなスキンシップは、もう少し増えると良いなと思います。

ケンカ上手は幸せ上手

関孝弘

僕がイタリアに留学して驚いたことはたくさんあるけれど、その一つが、子どもから大人まで、誰もが自信に満ち溢れていること。街の広場で、カフェで、どこでも人が集まれば、「お〜元気？　調子はどうだい？」と始まって、政治の話、スポーツの話、経済の話、政治の話、学校の話など、それぞれが興味関心のあることを語り始める。時間が経つにつれ、周囲の人も巻き込んで、どんどんと議論が広がっていく。相手の反応を伺いながら、ジェスチャーたっぷりに手を振り、体を大きく揺らして、熱くなっていく。果ては大きな声で怒鳴ったりしている光景もしばしば。これは、良く言えば情熱的、悪く言えばケンカ好き？　日本人の僕が、こんなイタリア式ディスカッションに慣れるまでには、時間を要しました。

日本から来て、まだ1年経つか経たないかのある日、音楽院のコンテル先生から電話をもらいました。「元気でやっているか？　来週の月曜日、自分は地方の演奏会があるので、私の代わりに子どもたちにレッスンをしてくれないか」と、彼は明るく、頼みの言葉を連ねる。

「えっ？　でも、僕も来週はコンクールの準備で時間をとる余裕はないんですが……」と言うと、「タカヒロは優秀だからそんなに勉強しなくてもいいだろう。こんなに頼んでいるのに、聞いてくれないのか？」と、だんだん声のトーンが高くなっていくのが電話越しにもハッキリと伝わってくる。

「そんなこと言われても、自分も練習があるんですが……。ちょっと考えさせて下さい。折り返し電話します」と、歯切れの悪い返答をして、すぐにマリアンジェラに相談すると、「やりたければやれば？　やりたくないのならハッキリと断ったらいいじゃない」と答える。僕だって本心ではそう思うけれども、コンテル先生からの頼みだし、断ったらまずいのでは、と、日本人の僕はどうしても思ってしまう。かといって、引き受ければ自分の練習に大きな支障をきたすので、それも出来ない。

やっぱり断るしかない！　と心を決めて電話をする。「ごめんなさい。悪いけれど練習がつまっているので、引き受けられないです」。すると先生は、「あれだけ頼んだのに、断るのか！　もういい！」と完全に怒って、電話をガチャンと切ってしまった。

怒られる筋合いでもないはずなのに、大変なことになってしまった。次のレッスンは一体どうなるのだろうか。音楽院の先生とこんなケンカをしてしまって、もう自分は破門か、今後は冷たくあしらわれるかと、心配で心配でいてもたってもいられない。マリアンジェラはそんなことも知らず、「どうした？　やるの？　やらないの？」と聞いてくる。「いや、先生はもうすっかり怒ってしまって、この先どうなるかわからない」と言うと、「へえ〜。でもあなたは悪くないんだから、仕方ないじゃない。何とかなるわよ」と、ケロリとしている。

その頃の僕は、まだイタリアに来てそんなに時間も経っておらず、頭の中はまだ半分以上が「日本的思考」に支配されていた。やはり、先生に頼まれたのだから、断らないで丸く収めたほうが良かったのではないか。次のレッスンには、どんな顔で行けば良いのだろう。こんなに怒らせてしまったら、もう関係を修復出来ないのではないか……と、連日連夜、本当に悩みました。

次のレッスン当日、おっかなびっくりレッスン室に入ると、意外なことに、コンテル先生はいつもの笑顔で、「タカヒロ、元気だったか?」と出迎えてくれた。この前の電話のあの険悪な雰囲気はまったくない。日本ではあり得ないけれど……。「あの、この前は本当にすみませんでした」と謝ると、先生は「何が?」と意外な反応。(えっ? 何も覚えていない?)と驚きつつ、「先日のレッスンの代理の件ですが」と続けると、「ああ、あれか。すぐに別の人を探したから問題なかった。コンクールの練習で大変な時に電話して悪かったな」と、シコリはまったくなし。さらにレッスンが終わると、「タカヒロ、コーヒーでもどう?」と、ますます意に介さず。あれだけ怒鳴られて、電話もすごい勢いで切られたのに……。あれは一体なんだったんだろう?

『ノー』と言えない日本人」とよく言われるけれど、イタリアでは、お互いに自分の思っていることを主張し合うのだから、相手に対して同等の強さで考えを返しても問題はないということを、この一件で理解しました。ケンカのように聞こえる、見えるのは、日本人の「ノー」と言えない性格によるものだと気が付いたのです。「ノー」とも「イエス」とも言わず、灰色でごまかして良い場合もあるけれど、イタリアではそれはあまり通用しない。人間はそれぞれ違うのだから、意見の違いは当たり前。思ったことを腹に留めずに、言うだけ言ったら、あと腐れなし！　お互いを認めた上での熱い議論は、ケンカになることがないのです。出来るだけ穏便に、皆と同じ価値観や物の見方を共有するほうが無難だと考えがちの日本から来た僕には、とっても魅力的なコミュニケーションに感じられました。

それは日本人にとっては少し勇気がいることかもしれませんが、深い友情につながる一番確実な方法なのかもしれません。

私、仲間はずれ？

マリアンジェラ・ラーゴ

東京のラッシュアワー。駅にはどこからともなく人が次から次へとやって来て、ものすごい人波が、それぞれの目的地に向かって早足で流れている。私が向かうのは3番線ホーム。このまま人の流れに乗って、皆と同じ速度で歩いて行けば楽に着けると思ったのに、気が付くと、目指す場所とは反対の方向に流されていた！　どうやって押し寄せて来る人の流れに逆らって進む？　ぶつかっては「ゴメンナサイ」、またかき分けては「ゴメンナサイ」と言いながら、やっと3番線への階段まで到着。すると、今度はちゃんとホームに向かう人の流れが出来ている。やれやれ。その流れに乗って簡単にホームに到着することが出来ました。

こんな出来事に遭うと、いつも私は感じることがあります。（これって、日本のグループ付き合いと似ていない？）――人の流れに乗って、皆と同じ方向に、同じ速度で歩いて行けば、実にスムーズで都合が良く、こんなに楽なものはない。でも反対方向を向いたり、横切ろうとしたりすると、それはそれは大変なことになってしまう。

息子のミケーレが幼稚園に入った時のこと。私は、当時、生まれてまだ2カ月のエレナがいたので、幼稚園への送り迎えのあとには、すぐ家に戻る毎日。その送り迎えのたびに、お母さん同士が園のあっちこっちで話をしたり、大きな声で笑ったりと、忙しそうにしているのが眼に入りました。1カ月もすると、そんな賑やかさは薄れ、だんだんと落ち着いた雰囲気に。皆さんも幼稚園のリズムに慣れ始めてきたのかな、と内心思っていました。幼稚園が終わって、教室から元気に飛び出して来る子どもたち。「みーちゃん、あーちゃん、一緒に家に行って遊ぼう」と、みーちゃんのママが声をかけます。すると、ほかの場所でも「たーくん、たーくんママ、一緒に家に来ない？」と同じような雰囲気。子どもたちは必ず、仲良しママ同士の間で交友するのですね。そして、どちらかの家に母子同士で遊びに行く。

ある時、「今日はミケーレくんを呼びたい！」と、一人の子どもがお母さんに話す声が聞こえてきました。するとそのお母さんは、「今日はあーちゃんたちも来るから、ミケーレくんはこの次にしようね」との返事。私はなんだかはじかれてしまっているような雰囲気を察知し、家に戻って孝弘に相談してみました。――「言葉の問題があるんじゃない？」「うーん、それもあるとは思うけど、何か違う雰囲気みたい……」

私は、この時、初めて日本のママ友グループの存在を知ったのです。

そうか、私はこの1カ月間、忙しくてどこのグループにも入っていないから、ミケーレも呼ばれないんだ。ということは、私もどこかのグループに入らないと、彼が可哀想――そう考えるようになった私は、少し積極的にグループに近付く努力を始めました。

そんなある日、「ミケーレママ、ランチご一緒にどう？」——やっと私にも声がかかった！「もちろん。喜んでご一緒させて下さい」と、近くのレストランに入り、注文をする。「私はBランチにする」と一人が言うと、「私もBでお願い」「私も」と、皆が続く。私は鰻が大好きだから、「すみません、鰻重をお願いします」と言うと、「さすが、ピアニストの奥さんねー。食べる物まで違うんだ！」——（えっ、自分の好きな物を頼んではいけないの？）

その後も、「ねえねえ、知ってる？　さーちゃんが幼稚園で問題起こしたそうよ」「へ〜、知らなかった。その後どうなったの？　もう、これで2回目じゃない？」「そうよ、だからあまり、さーちゃんには近付かないほうがいいかもね」といった調子で会話が続く。私は内心、（何でそんなことを言うの？　どんな子どもにも問題はあるでしょう？　子どもは皆、純真だよ！）と、まったく彼女たちの会話や空気に付いていくことが出来ない。こんな経験が何回か続いてしまうと、私にとってこのグループの中に居続けることはストレスが溜まるばかり。

子どものためを思ってのママ友グループへの参加でしたが、やはり私には無理だと気が付いて、少しずつ彼女たちから離れることにしました。だけど、理由もなくグループから離れるわけにはいかない。時間があるのに参加しなかったとなると、「子どものためなのだから、我慢して行けば良かった」と、あとあときっと自分で自分を責めると思いました。

それで私は、そのグループの集まりに参加出来ないような状況に、自分の身を置くことにしました。自分の仕事を増やしたり、孝弘の演奏会のサポートで各地を回ったりと、忙しい状況を自分から作り出すことにしたのです。それなら、「せっかくお誘いいただいているのに、ごめんなさい。行きたいけれども時間が取れないのです」と言える。ミケーレもそんな私の姿を見て、子どもなりに午後は友達と遊べないということを理解したようで、午前中は幼稚園で精一杯元気に遊び、午後は家に戻ることが習慣となりました。同時に、ほかのお母さんたちも、「マリアンジェラさんは忙しい人なんだ」と納得してくれるようになり、付き合いが悪くてもそんなに白い目で見られなくなりました。私は、人に合わせるというストレスから解放されて、楽になりましたし、ミケーレも、心配していたほど、幼稚園でほかの子たちから仲間外れにされることはありませんでした。今になってみると、私はあの時、自分の気持ちに嘘をつかずに行動出来て良かったと思います。

日本では、グループの中にいる時、一生懸命にほかの人と合わせようとします。しかしイタリアでは、小さい時から個というものを大事にするように育てられますから、「私はこう思う」「私はそうは思わない」と、どんなに小さい子でも、自分と他者との違いを強調しようとします。ですから、他人からどのように思われるかと気にして行動したり、素直に自分の意見が伝えられないような場所に行くのはとても苦痛。

時々、幼稚園や小学生の子どもを持つお母さんたちから、「ママ友グループにいることは面倒くさいし、気も遣う。なかなか好きなように振る舞えないし、何かあっても意見が言えない」という声を耳にします。もし、そのようなグループの中にいたとしても、ほかのお母さんたちが、自分のことをどう思っているのかということは、あまり気にしないほうが良いと思います。ママ友付き合いをしていないと、子どもにその反動が来るのではと、どんな母親も考えます。でも、ちょっと待って下さい。子どもたちは純真で、母親の動きなど関知しておらず、幼稚園の中では皆、仲良く遊んでいます。

幼稚園は数年で卒園ですが、溜まったストレス、心の傷は、簡単には解消されません。深刻になる前に、自分の気持ちに正直になって、きちんと判断すべきだと思います。

孝弘から一言！

最近の日本人はよく「空気を読まない」と言います。この、空気を読むとはどういう意味でしょうか。〝その場にいる人に合わせる〟という意味であるのなら、イタリア人は空気を読みません。でも、〝その場の状況判断〟ということになると、これはイタリア人のほうに軍配が上がります。グループでまとまっていよう、相手次第で対応を変えよう、そうやって他人と同じように振る舞うことが無難だという考え方が、日本人が身に付けてきた処世術だとしたら、急速にグローバル化が進んでいる昨今、それはだんだんと通用しなくなっていくと思います。

イタリア人は皮肉上手

関 孝弘

イタリア人はおしゃべりだが、不用意に他人を傷付けるような言動はしない。一方、日本人は彼らのようにディスカッションに慣れていないばかりに、そうしたシーンでつい失礼なことを言ってしまいがち。その点、イタリア人は〝皮肉〟で人間関係のバランスを上手にとっているようです。

ある高校生の集まりの席に、さる伯爵夫人がいらっしゃる、ということがありました。ところが彼女は身分を笠に着たタカビーな人で、なんと挨拶で、「私は伯爵夫人です」と、目の前の男子学生に自分の手の甲を差し出したのです。ひざまずいてそこにキスをしろということですね。ところが手を差し出された男の子、とっさに、「そうですか。僕は道路工夫の息子です。よろしく」と言って会釈し、その手に軽くキスをした。この彼の皮肉に、伯爵夫人は鳩が豆鉄砲をくらったような顔をして、さっさと帰ってしまいました。それは、周りで見ていた僕たちにも痛快極まりないものだった。

ひょっとすると伯爵夫人には、彼が皮肉に込めた胸の内がわからなかったかもしれない。けれども、周囲の人はいいぞ、いいぞと拍手喝采の気分。皮肉は、エスプリとも、スピリッツとも、ユーモアとも違う言葉のスパイス。侮辱するのではなく、相手を赤面させるに留める、非常に高度な社交術です。ちなみに彼は、道路工夫の息子ではなく、実はお医者さんの息子。まだ高校生なのに、実にあっぱれ。

イタリアの家のすぐ裏に住んでいるブルーノさんは、床を張る仕事をしていて、中学校しか出ていませんが、非常に冴えた会話術の持ち主。一言でスパッと本質をついた皮肉を言う。その時の彼の目の輝きとひょうきんな表情は、何とも言えずコミカル。その上、彼はブレーシャ地方の訛が強いものだから、聞いている人はおかしくってしょうがない。チクッと鋭く刺し、軽く笑える、そうした皮肉のセンスを、イタリア人は皆、子どもの頃から磨かれている。だから彼らは皮肉の天才だと思う。

日本人の感覚では、皮肉を言う人は嫌味な人、陰鬱な人という評価をされて、どちらかというと好感度が下がるけれど、イタリアでは逆。笑いのあるピリリと辛い皮肉を言える人は、社交術に優れた、会話を楽しむセンスのある人なのです。

長年の友情も一夜にして破綻する

マリアンジェラ・ラーゴ

イタリア人は基本的に言いたいことがあれば本人に直接言います。人間関係において、オープン性をとても大切にしているのです。「あなたはそういう意見なのね」「私は、こういう考えがいいと思うよ」と、決して最初から否定的な言葉を投げかけたりはせずに、相手の考えを認めながら、話の糸口を探ります。誰かが自分の陰口を叩いているという噂を聞けば、「あの人はそんなことは絶対に言わないと思うよ。あなたはたぶん勘違いをしていると思う。さっそく確かめましょう」と、その場で相手に電話をかける。これはイタリアではよくあることです。「今、こういう噂を聞いたけれども、本当なの?」「あなた、そういうことを言った?」と、本人にストレートに訊くので、不要な思い込み、勘違いがなく、相手の言い分もきちんと理解出来る。だから大きな破綻は起こりにくい。けれども、本当にその人が陰口を叩いていた場合、「もう友達でいるのはやめましょう」と、ハッキリ言われることになります。

私は、「嘘をつく自分」を受け入れることが出来ないので、絶対に嘘はつきません。何か間違ったこと、失礼なことをしてしまった場合は、「私が間違っていた。ごめんなさい」と謝ります。勘違いや失敗をするのは人間だから仕方ありません。ただ、そうした時に言い訳をせず、悪かったという気持ちを正直に表わすことが大切だと思っています。物事が大きくならないうち、時間が経たないうちに、「ごめんなさい」と謝ること。隠すことは良くありません。

円滑な人間関係を作る上でもう一つ大事なことは、出来ることは出来る、出来ないことは出来ないと率直に伝えることです。もし、それでも相手が理解してくれず、結果的に別れることになったとしたら、それは仕方がないこと。真の友というものは、どんな時でも、手の平を返さず、理解してくれようとします。イタリア人の多くは、「気にしていない」と言えば、本当に気にしていないのですが、その点、私は日本で戸惑うことが何度かありました。もめ事があった時、「気にしていないから、大丈夫」と言ってはいても、実のところ気にしていることが多いように感じるのです。その裏腹な心情を読み取るのが、私には難しい。

以前、日本で長い付き合いをしていた友人に、意見が違うというだけで、背中を向かれたことがありました。それまでの10年間は、上辺だけのお付き合い？　すべて嘘だったの？――意見や考え方は一人として同じことはない、という前提がイタリア人にはあるので、たった一度の意見の相違で関係が破綻する、これは私にとって本当に悲しいことでした。

本当に気持ちと気持ちがつながっているのなら、その友情は必ず修復出来るはず。偽りの友情は、ちょっとした食い違いだけで破綻してしまうものです。真の友情とは、そう簡単には壊れるものではありません。

私はあなたが必要なのです

マリアンジェラ・ラーゴ

2010年7月、私は再入国手続きのため、東京入国管理局へ出向きました。夏休み前で大変混み合っていたので、私が来る前から並んでいる隣のお二人に進み具合を尋ねたところ、すでに2時間以上待っているとのこと。バングラデシュから来たご夫妻で、奥様は妊娠中でした。私たちはたっぷりと待たされましたので、おかげでいろいろな話が出来ました。ご夫妻はまだ片言の日本語でしたが、すっかり親しくなって、「また機会があれば、お会いしましょう」ということに。

夏が終わり、秋の気配も深まった頃、彼女から電話があり、「出産が近付き入院するのだけれど、言葉がよくわからない。どんな手続きをしなくてはならないのか、何を準備したらいいのか、とても心配なので、時間があれば付き添ってくれないか？」と頼まれました。私は喜んで病院に行って出来る限りのお手伝いをし、彼女は無事、元気な女の子を出産しました。

その翌年、2011年3月に起きた東日本大震災の時には、彼女は小さな子供を抱えて、大きな不安にかられていました。家にはテレビもないため、まったく情報が把握できず、周りの状況もわからなくて、どのような行動をとったら良いのかと、毎日のように私に電話で助けを請いました。言葉の出来ない外国人にとっては、さまざまな情報の中から適切なものを選び取るのはかなり難しい状況だと案じて、私も出来るだけ彼女の助けになるよう、喜んでお手伝いをしました。当時、生まれたばかりの赤ちゃんには水道の水は飲ませないようにと、保健所がミネラルウォーターを配っていましたので、私はその情報をすぐに伝え、東京の放射能の汚染状況、食料事情など様々なニュースを送り続けました。

今でも彼女は、子どもの予防接種は？　幼稚園はどうしたら良い？　今度の日曜日に散歩に行かない？　など、いろいろと気軽に声をかけてくれます。つい最近も彼女から電話がかかってきて、「明日、子どもの誕生日パーティーをやるのだけど、来ない？」と、大変嬉しいお招き。ほかにも、バングラデシュのカレー料理を作るのに一緒にスパイスを買いに行ったり、手で食べる方法を教わったり。お互い常に自然体。彼女からもいろいろと楽しい時間をいただいていて、気兼ねのない温かな友情関係が続いています。

私の母には、20年間、毎週水曜日に欠かさず訪ねて来る友人がいます。一人で住んでいる母にとって、この友人の訪問は何よりの楽しみの一つとなっているようです。

母と彼女とは、小学校の教員仲間でした。出勤で小学校に向かう日は、毎朝、彼女が車で迎えに来るのが習慣になっていました。ある朝、たまたま彼女の到着が遅れていたので、母はそれを待たずに一人で歩いて学校に向かい、その途中で交通事故に遭ったのです。車を運転していたのは母のかつての教え子で、母が以前から「心を入れ替えないと、将来、大きな問題を起こしますよ」と警鐘し続けていた子でした。

母の同僚は約束の時間に遅れたことを悔み、事故後もずっと母に付き添ってくれました。それが現在の関係に至り、母が日本に来ている時でも、彼女は、「元気にしている?」と、イタリアから必ずメールを送ってきてくれます。

この20年間、彼女に対してはありがとうと感謝の気持ちで一杯ですが、特別なプレゼントは一度もしたことはありません。彼女は母の友達として手助けに来ているのですから、もし私がそれに対して物でお礼をしたならば、間違いなく受け取ってくれないと思います。イタリアでは友情が深くなればなるほど、物で気持ちを表すことは、あまり好まれません。

人に頼ることは、迷惑をかけるということではなく、「私はあなたが必要なのです」というメッセージ。頼られる側にとっても信頼されている証であり、大きな喜びに繋がるのではないでしょうか。本当に必要な時は甘えればいい。利用してくれればいい。そう思っています。

お返しは庭のバラで良し

マリアンジェラ・ラーゴ

我が家では、人にプレゼントをする時は、基本的に手作りです。手作りの物には、その人の心がこもっているから。たとえば、ハンカチに刺繍でイニシャルを入れたり、白いTシャツに布マーカーでその人が大好きなイラストを描いてみたり、きれいな小箱、絵入りのカードなどを作ったりしてプレゼントします。あの方は花が好きだからと、庭に咲いたバラを摘んで持って行くこともあります。

子どもたちには、お誕生日などのプレゼントは絶対に手作りだよと言ってきたので、彼らは小さい頃から、そういう機会には思い思いの絵を描いたり、クッキーを焼いたりしていました。しかし高校生になると、「ママ、自分だけ手作りは恥ずかしい。皆はプレゼントにお店で買ったものを持って来るんだから……」と、言い出しました。郷に入れば郷に従え。一人だけ仲間外れなのも可哀想なので、最近では、「何かを買って持って行ってもいいけれど、必ずひと品、手作りの物を添えて」と言っています。

日本の人は手先が器用な人が多いですから、時々、すごく素敵な手作りのプレゼントをいただきます。とても嬉しい半面、懲っているので時間もかかって大変だろうな、と心配になってしまう。作る人にとって負担が大きいプレゼントは、そう何回も出来ません。私は、特別な時以外は、ちょっとした手作りの物を少しだけプレゼントするのが好きです。相手も喜んでくれるかもしれないと思って作ると、私も楽しいし、その気持ちはきっと、相手にも伝わる。

お客さんを自宅に招待した時なども、日本の場合はちょっとやり過ぎ、作り過ぎのような気がします。お料理はすごく立派で本格的。だけど奥様はキッチンで準備に忙しく、せっかくのお客さんたちとの会話には入らない。そんなこんなでへとへとに疲れてしまうから、あまり家にはお客さんを招きたくない、という本音を時々耳にします。イタリアでもそうした集まりの準備は大変ですが、食事の時は奥様も一緒に席に着くことが基本。全員が揃わないと食事は絶対に始まりません。美味しい食事以前に、最も大事にしているのは楽しい会話なのです。

イタリアでは、不意にお客さんが来たとしても、「冷蔵庫にあるもので何か作るね」ともてなしたり、近くを通ったからと気軽に立ち寄ってくれたお客さんが、玄関先でコップ一杯の水だけを飲んで、「じゃあ、またね」と帰るようなことは日常茶飯事。旅先の友人から「元気？」などと一言だけのメールや絵ハガキが届くこともよくあります。大掛かりなことよりも、自分が負担に感じない気軽なおもてなし。それが人生を楽しくするコミュニケーションツールになると思っています。息の長い友情を育てるのに、無理は禁物です。

「こんにちは」から生まれた友情

マリアンジェラ・ラーゴ

人生、思わぬ出会いが、思わぬところで生まれることがあります。私が大学生だった時、風光明媚なリビエラ海岸の街、サン・レモに向かう電車の中で、年配の男性と一緒になりました。私よりだいぶ年上で、60歳くらいだったでしょうか。イタリアに興味のあるスペイン人で、彼はスペイン語、私はイタリア語で会話をしました。――「ブエノスディアス。あなたは学生さんですか?」「ボンジョルノ。はい、ミラノ大学で勉強しています」「どんな分野の勉強ですか?」「生物学を専攻しています」「へえ、面白そうですね。私の父は、歴史・経済学者ですが、私はイタリアの歴史について勉強しています。ラモン・カランデと申します。よろしく」――電車の中での短い時間でしたが、イタリアの歴史について興味深い話をたくさん伺い、彼の知識の広さ、そして深さに驚きました。

私の降りる駅が近付き、「残念ながら次の駅で降りなくてはいけません」と言うと、彼は「とっても楽しいひと時でした。僕はまたイタリアに来ると思いますので、その時には是非お会いしたいですね」「そうですね、私もそう願っています」と、お互いに連絡先を交わして別ます。

れました。その時、どこまでも晴れやかで爽快な気持ちが広がったことを、今でも覚えてい

それから数カ月経ったある日、スペインのカランデ氏から1通の手紙が届きました。「今、本を書いています。いろいろ資料を集めているけれど、ある1冊の本がスペインでは見つかりません。イタリアの本なので、あなたが見つけて下さると嬉しいのですが」と書かれており、その手紙には、彼の真摯な姿、そして温かさがにじんでいました。あの楽しかった電車でのひと時がよみがえります。私はすぐにその本を探して、彼に送りました。こうして彼との、文通友達のような関係が始まったのです。

時は変わって真夏の8月。私は孝弘と一緒に、まさに〝フライパンの底〟と言われるスペイン南部の街セヴィリアに彼を訪ね、電話をかけました。――「何時頃にお会い出来ますか？」「ここは暑いでしょう。お疲れではありませんか？　少しお休みになられて、夜の10時頃に広場で一緒に食事をしましょう」「わかりました、では楽しみに」――と言って私が電話を切ると、そばにいた孝弘が「10時と言ったけれど、そんな時間から食事をするの？　スペイン語だから、間違えて聞き取ったんじゃない？」と言う。（そんなはずはないと思うけど……）と、少し不安になりつつ、出かけて行きました。

電話で聞いた通り、夜の10時に待ち合わせの場所、セヴィリアの中心にあるスペイン広場で久しぶりの再会。「やあ、よくスペインまでいらしてくれましたね。イタリアもいいけど、

スペインの食事も美味しいですよ」と、手を大きく広げて私たちを抱きかかえるカランデご夫妻。そして、真夏の夜の、冷たいガスパチョの美味しかったこと。南スペインの夕食が遅いのは、日中の暑さを避けて夕方以降に活動を始めるためだと納得！

その後数日間、私たちはカランデ氏と一緒に、王宮のアルカサル、マリア・ルイサ公園、大聖堂、インディアス古文書館などを見て回り、滞在最終日には、「今度、カランデご夫妻がイタリアにいらした時には、是非、我が家においで下さい」と、約束してお別れしました。

それから少し経って、スペイン訪問時に知り合ったカランデさんの友人から手紙をもらいました。そこにはカランデさんの父親の顔が描かれた切手が同封されており、手紙には、「彼の父親ラモン・カランデ氏（父子で同姓同名）は、スペイン人にとって歴史的な宝です。彼は最も偉大な歴史経済学者であり、知らない人はいません」と書かれていました。（切手になるほどのすごい人物なの？　一体どんな人なんだろう）と思い、調べてみると、作家としてはカール5世*についての著書が代表作とか。そのほかにも多数の著書が出て来るので驚きました。彼はスペイン国家評議員も務め、スペインに大きな影響を与え続けた大人物だったのです。

偶然の出会いが、こんな大きな素晴らしい世界にまで広がるとは夢にも思っていませんでした。お互いが自然体の笑顔で交わした「こんにちは」の一言が、国も、専門分野も、年齢も大きく違う二人の人間を結びつけたのです。

1986年9月1日、ラモン・カランデ・ジュニアのお父様ラモン・カランデ氏は99歳で亡くなられ、お葬式は国葬で行われました。

その約1年前、私は彼から直筆の手紙をいただきました。そこには、「私が最後に病気をしたのは1912年。健康と良い友に恵まれたから、私は幸せな人生を送ることが出来ました。何よりも健康、そして友達が大事ですよ」と書かれていました。

＊カール5世（1500〜1558）
神聖ローマ帝国皇帝。スペイン国王としてはカルロス1世として知られる。ハプスブルク帝国の絶頂期に君臨し、近世ヨーロッパにおいて最も重要な人物の一人。

スペイン広場での1枚。後列右がカランデJr.氏、左がマリアンジェラさん。
前列右がカランデ夫人、左が娘さん。

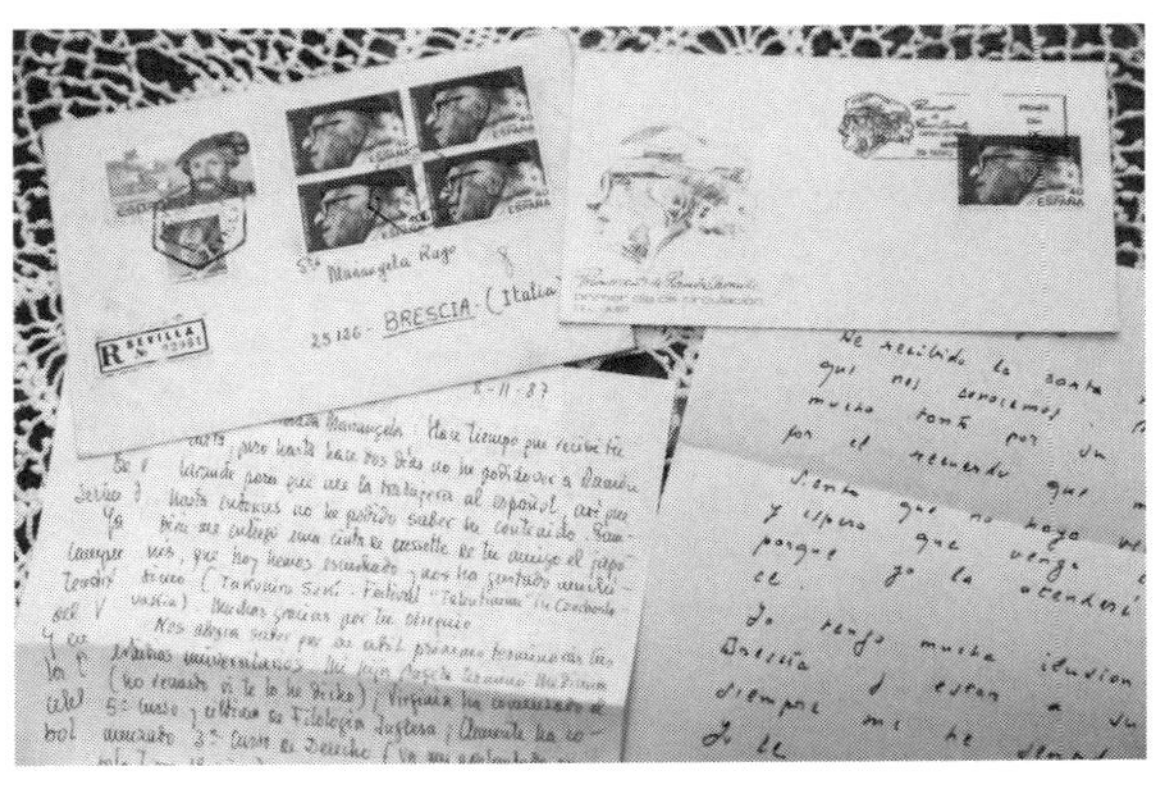

カランデJr.氏（左）と、父のカランデ氏（右）からの手紙。
封筒の切手の人物がラモン・カランデ氏。

マイ・ウェイ

関 孝弘

ピアニストというのは、小さい時から勉強に明け暮れ、まるで無菌培養のような、社会から隔絶された生活を強いられる。僕もその一人で、外で遊んだという経験は、子どもの頃からそう豊富ではありません。日本のピアノ界というのは、非人間的な人物を成長させる危険を多くはらんでいる世界であると、僕は今でも思っている。

そんな学生時代の、生真面目で、勉強しか頭になかった僕の心の中に、新しい風を起こしたのが、福島県のいわき市にお住まいだった若松光一郎・紀志子ご夫妻だった。画家の若松光一郎先生は新制作協会の重鎮で、その仲間には猪熊弦一郎、脇田和、佐藤忠良などなど、錚々たる人物が名を連ねる。奥様の紀志子先生は、ピアノの先生で東京芸大の大先輩であると同時に、福島県女子テニス連盟会長をも務めたスポーツウーマン。

ご夫妻との初めての出会いは、僕がまだ大学3年生の時。初めて、いわきでのコンサートに出演させていただいたのがきっかけである。日本の煩わしい余分な気遣いを嫌ったオープンな人柄、シンプルで純粋な考えは、僕を生まれ変わらせた。

学生時代、ピアノ一筋であった僕は、こんなに素晴らしい世界が世の中にあるのかと、今までの生活にはなかった新鮮さを強く感じ、休みになるのを指折り数えて待っては、いわきの先生宅に通い詰めるようになっていた。家にはいつも、紀志子先生を慕い続けるかつての弟子たちが数名集まっており、そんなグループの一員になった僕は、当時、一番の新顔で年も下。それでも、先生ご夫妻を訪問することは、僕にとって幸せの極致だった。

紀志子先生の1日はすごい。レッスン室に寝ている僕たちは午前4時過ぎには叩き起こされ、太陽が昇る前に家を出発して、テニスコートに向かう。日が昇ると暑いので、涼しい午前中の早い時間にテニスを楽しみ、戻ってからゆっくりと美味しいブランチを取る。そのあと少し休んで、午後はプールに出かけ、夕方に戻る。それだけでは飽き足らず、夕食前には庭でピンポンが始まる。そのあと皆で夕食の支度に取り掛かり、コロッケを100個ほど揚げる。若い食べ盛りの男が何人もいると、食事も豪快。結局のところ、この凄まじいリズムはすべて、美味しく楽しく食事をするためなのです。「健康は何よりの財産」と先生がよく言っていたのを思い出す。

さて、夕食で1日の活動が終わるわけではなく、そのあとは就寝までトランプ遊び。「うわー、勝った。私が一番！」と大きな笑い声が続くと、トランプをしている居間の上に光一郎先生の寝室があるものだから、毎回、上から床をドンドンと叩く音がする。その直後は全員声を潜めて静かになるけれど、すぐにまた遊びが昂じて、ギャーッと悲鳴のような声をあげてしまう。するとまた上からドンドンと床を叩かれる。

翌日、光一郎先生が僕に呟く。「関さん、体に気を付けたほうがいいよ。うちの奥様に付き合っていたら、死んでしまうよ」と。

紀志子先生の明朗快活な性格に反して、光一郎先生の性格は穏便でいたって優しい。いつもピアノのレッスン室の上にあるアトリエで絵を描いていて、大きなスピーカーからは音楽が大きな音量で鳴り響いていた。口数が少なく、いつも微笑をたたえて、マイペース。気に入らないと、すっとどこかへいなくなってしまう。とっつきにくいというか、誰とでも気軽に話をするというような感じではない。慣れない人だと、一体何を話そうかと詰まってしまう。そんな光一郎先生だが、僕とはとても気が合い、いつもいろいろな話が途切れることなく湧いて来た。美術と同様に音楽をこよなく愛した先生だったから、僕と音楽の話をするのが楽しみだったのではないだろうか。

僕に「人生って、こんなにも楽しいものだ」ということを教えてくれた若松先生ご夫妻を、日本にやって来て間もないマリアンジェラも両親のように慕い、いわきに伺うのを何よりの楽しみとするようになった。毎年12月になると夫婦で若松宅に出向き、お正月を一緒に祝い、そのまま1月末まで過ごす。そんな生活リズムは子供たちが生まれても変わることなく続きました。

京都生まれの紀志子先生はお料理も大変上手で、マリアンジェラも台所を手伝いながら多くのものを学んだ。「習慣から何から、すべて違うのだから、日本の味に捉われる必要はないわよ。失敗しても大丈夫」と、紀志子先生は彼女によく言っていた。「日本の味にイタリアの味が加わると、何かもっと美味しいものが出来るかもしれないわね。自由に台所を使ってね。私はイタリアのお料理も大好きだから大丈夫よ」とも。

ある時、マリアンジェラが、木綿豆腐の水抜きしたものをチーズと間違えて、塩とオリーブオイルをかけてテーブルに持って来たことがあった。すると紀志子先生は「これは初めての食べ方ね！　うん、とってもワインと合って美味しい！」と言って、間違いを正すことなく、美味しく食べてくれた。また、その逆に、マリアンジェラがニョッキを作って冷蔵庫に寝かせておいたら、紀志子先生がフライドポテトのように揚げてしまったことも。「あれっ？これ冷蔵庫の中に置いておいたニョッキですか？　結構美味しくいただけますね。ビールのおつまみにピッタリ！」とマリアンジェラ。

二人が楽しそうにお料理をする姿はまるでイタリア人の親子のようで、台所では決して笑顔が絶えませんでした。

光一郎先生に、マリアンジェラが手編みのセーターをプレゼントしたら、「これ、本当に暖かくていいね。色もとってもきれい」と言い、いつも外出する時には着てくれていた。そんな温かな姿をマリアンジェラはいつまでも忘れない。

自由でありながら、相手への思いやりは深く、優しさに溢れていたご夫妻には、気兼ねすることなく自然体で接することが出来、実に心休まる時間をたくさん過ごさせていただきました。


「芸術は商いや政治ではない。人の心から心へ直接伝わるものだ」という信念を一寸も崩さなかった光一郎先生。ある時、「この絵に素敵なイタリア語でネーミングしてくれない？」と、頼まれたことがありました。その絵は、黄色いキャンバスに描かれた、明るい光を感じさせるコラージュだった。「黄色がすごく印象的で、広い世界を感じますよね……。『コスモ・ジャッロ』にしましょう。黄色い宇宙という意味です」と言うと、光一郎先生は、「うん、すごくいい！」と、いつものように静かな優しい笑顔を浮かべた。この絵が、先生の絶筆となりました。

光一郎先生亡きあとも、「彼は本当に幸せな人生を送ったと思う」と、紀志子先生の明るさは変わることがなかった。春が来た、美味しい食事だ、きれいな海……と、他愛ないことに、子どものように嬉しがる紀志子先生。「私の財産でもある健康が失われたとしても、どんな状況下であっても、生きていて良かった、と本心で言えるような生き方を見つけるのが、これからの課題」と強く前向きな姿勢は常に変わらなかった。

いわきの若松先生のお宅で。マリアンジェラさんが編んでいるのは
本文中にある光一郎先生のためのセーター。関さんとお揃いの柄だった。

そんな紀志子先生、福島の原発が爆発して、いわきから川崎の施設に避難されて来ました。一体どんな心境なんだろうと、心配して施設を訪ねた僕たちに見せた先生の表情は、以前と変わらぬ明るい笑顔だった。施設にあったピアノを僕が演奏すると、それはそれは嬉しそうに聴き入ってくれた紀志子先生は、それから数カ月後に亡くなりました。

やがて私も此の世を去るだろう
長い年月、私は幸せにこの旅路を今日まで生きて来た
いつもの私のやり方で

紀志子先生の大好きだった歌「マイ・ウェイ」の歌詞である。

常におごりのない自然体を、毅然と通し続けた両先生、本当に素晴らしい人生を全うされたと思う。その姿はいつまでも、僕たち夫婦二人の心に生き続けている。

自然を愛した紀志子先生の骨は、先生の強い希望により、初春に、葉山の大自然の海へ散骨されました。

無から生まれる豊かさ

マリアンジェラ・ラーゴ

私は、音楽を聴く時、音が鳴っている瞬間よりも、音と音の間の空間が好きです。直前に聴いた音が余韻となって心に広がり、この次にはどんな音が鳴るのだろうと待つ時間。聴く人のイマジネーションを呼び覚まし、膨らませるのが、この、音が消えて無になっていく余韻の世界。そして、そこには、次の新しい音が生まれてくる期待感がある。音楽には、何か命のサイクルのようなものを感じます。

人も亡くなるとその存在は「無」となる。しかしその存在は心の中に生き続け、愛する人に影響を与え続ける。空気のように当たり前だと思っていたものがなくなってみると、初めてその存在の重要さを認識します。つまり、無になるということは、なくなった物の存在を〝改めて見直すこと〟なのだと、私は思います。無＝余韻の世界では、心は静寂で、余分な虚飾からも解放され、自己を見つめ直すことになります。「無」とは、何もないという意味ではなく、新しい世界への架け橋を作るための〝空間〟なのではないでしょうか。

日本は、無我の境地とか無心とかいった言葉があるように、「無」を大切にしている国だと思います。たとえば、伝統芸能である能は、松だけをあしらったシンプルな舞台の上で、大きな空間の広がりを感じさせる。最小限度の動きから表現される「静」と「動」の世界には奥行があり、観る人の想像力を背後から支えていて、素晴らしいと思います。

日本の建築にも、私は心休まる静なる空間を感じます。お茶の世界では、小さな茶室に花が飾られる。それも自然の中で育った質素な花のほうが、その空間の美しさを際立たせるという。ヨーロッパだったら、大広間に豪華な花束を飾ってしまうところです。

日本には、こんなに素晴らしい「間」の文化があって、心の余裕を大事にしてきたと思うのに、今の日本は、それとは反対の方向へ猛スピードで移行しているような気がします。仕事をする人、勉強をする人、多くの日本人が時間に追われて死にもの狂い。この忙しさは一体どこから来るのでしょうか？　目標があるからこそ、そんなリズムで動いているのだろうけれど、この速さでは得るものよりも、失うもののほうが多いのではないか。東京に住んでいるということも手伝って、私は余計にそんな思いを強く持っています。

日本は戦後、近代化の大きな飛躍を遂げました。世の中が便利になり、生活も豊かになりました。でも、今一度、日本の素晴らしい美徳でもある「無」の心で、自分自身をリセットして見つめ直すことも大事ではないでしょうか。

最近、ヨーロッパでは、多くの人々が日本文化の魅力に惹かれ、自分たちの生活に取り込もうとする姿がよく見受けられます。イタリアの友人たちは、日本の着物の帯をテーブルクロスの代わりに使ったり、着物の生地で洋服を作ってパーティーで着たり、家の照明を和紙で装飾したりと、日本の伝統文化を驚くほど違和感なく楽しんでいます。パリのカフェに行った時には、日本の鉄瓶がカラフルな色に塗られて、ハーブティーが注がれていました。どのアイテムもそれぞれの国の雰囲気に自然に溶け込んで、あたかもその国で生まれたかのような錯覚に陥ったほどです。「無」から生まれた日本の静なる文化は、ヨーロッパの中で形を変え、各地域の文化と見事に融合しています。

海外の国々と積極的に触れ合い、視野を広げていくことは素晴らしいことですが、それぞれの国は、気候、宗教、歴史……すべて違うので、ただそのまま取り入れるのは大変危険です。新しい独自の物を創造するためには、自分が生まれ育った国の風土、歴史が創り上げてきた物を見直した上で、海外の良さを吸収することが大変重要だと思います。

私が自分の生徒に、「もう一度、生まれ変われるとしたら、あなたはやっぱり日本人？」と、質問すると、少し考えて「うーん……そうとは言い切れない」と、多くの生徒が答えます。私はそのたびに、何だか、とても悲しい気持ちになります。

木も幹がなければ倒れるし、家も基礎がきちんとしていないと崩壊してしまう。自分の生まれた国をきちんと理解出来なければ、外国を理解することはもっと難しい。

自国の歴史・文化に誇りを持って、「もし、生まれ変わったとしても、私は絶対に日本人！」と思う人が、一人でも増えることを願ってやみません。自国をよく知って他国と接すれば、世界中の文化との素晴らしい融合が生まれてくると思います。

鼎談

イタリア人の価値観×日本人の価値観

よしもとばなな（作家）
マリアンジェラ・ラーゴ
関 孝弘

CONVERSAZIONE

作家のよしもとばななさんはイタリアと縁が深い。スカンノ賞、カプリ賞などの文化賞を受賞し、初期の作品からイタリア語で翻訳され、多くの読者を持つ。マリアンジェラさんもその一人。子どもを育てながら、創作に、そして演奏に奔走する、よしもとさん・関さん・マリアンジェラさん３人の鼎談が実現した（関・マリアンジェラ夫妻宅にて）――**編集部**

人の気持ちを考えて考えて行動する

よしもとばなな（以下ばなな） 最近といっても3年前になりますが、「カプリ賞」をいただいた時に、カプリに1週間ぐらい滞在しました。イタリアに行ったのはそれが最後なので、意外と昔……。

マリアンジェラ（以下マリ） そういう時、お子さんも一緒に行かれるのですか？

ばなな はい。

マリ ああ、いいですね。私たちもいつも演奏旅行には子どもたちを連れて行きます。そういう時、ばななさんは、学校を休ませて、お子さんを連れて行かれるのですか？

ばなな 学校は休ませますね。

マリ 怒られない？ 大丈夫？

ばなな　怒られないような少し自由な学校に行っています（笑）。

関　うちは、1年のうち3分の1以上はイタリアに行っていたので、学校からはひんしゅくをかって、よく「休ませないで下さい」と言われました。でも、広島での演奏会に子どもたちを伴って行った時、子どもが平和記念資料館を見て、作文を書いたのです。それを読んだ担任教員が感動して、「授業以上に良いものを学んできました」と。それから、演奏旅行での欠席は咎められなくなりました。

ばなな　私も出張の時は、家族一緒に移動することが多いです。だから一般的な家庭よりは家族の時間は多いと思います。何より私が家で仕事をしてますから、家にいる時間が圧倒的に多い（笑）。

マリ　私たち二人もそうです。娘のエレナの友達が遊びに来ると、「エレナのお父さんは、仕事ないの？」って言うの（笑）。

ばなな　（笑）。家にいる仕事だと、家族の顔を見ることは多いですよね。

マリ　でも、私は日本の子どもたちが、家族の中で、本当に気が休まりほっとしていられるのかな、打ち解けられているのかな、ということが気になっているんです。私は25年くらい日本の音楽大学で教えていますが、その間、生徒の質がかなり変わってきました。最初の頃の生徒は、「やりたいことはコレッ」となかなか主張できなかった。今は、自分のやりたいことがハッキリしている生徒が増えている。その代わり、周りのことを、必要以上に考えて考えて行動する生徒が増えた気がします。

たとえば、一度生徒たちをイタリア研修に連れて行った時に、いろいろなトラブルが起きたのですが、そのように自分が困っている時でさえも、親に何も言わない。心配や迷惑をかけるのは申し訳ないと感じるようです。そういう意味では家族間の距離を感じます。

ばなな そういう遠慮は家族の中でもあると思いますね。日本人の特徴なのかな……。

マリ 私にはそこが理解出来ない。自分が今苦しんでいること、悩んでいることを、自分の親にも言えないなんて。そういう問題を自分から発散すれば、きっと落ち着けるのにと思うんだけど。

関 確かに難しいです。その点、イタリアでは、日本にはない親近感みたいなものを感じました。一番驚いたのは、親のことを名前で呼ぶこと。日本人には出来ないでしょ。ばななさんは、呼べますか？

ばなな 呼べないですね〜。やっぱり儒教の教えが染み込んでるからでしょうか。

自分の気持ちを言葉で伝える

マリ 親しい間柄では特に、自分の気持ちを出来るだけ言葉で説明したほうがいい、と私たち

は教えられます。

ばなな　特に、日本人が欧米の人とお付き合いする時には、良くも悪くも自分の性格を強調したほうがいいとは思います。で、おとなしければおとなしさを強調する。おとなしくなければそれを出したほうがいい。

マリ　それは大事なことだと思います。ばななさんは海外に行かれた時に、そういう風にコミュニケーションを意識的に変えますか？

ばなな　インタビューなどではいつもより若干ハッキリものを言うようにしていますね。日本の場合、私ぐらいハッキリものを言うと、文字に起こした時、よりいっそうハッキリしてるように見えてしまうんですが、海外だとぼんやりはしないほうが、特に仕事なんかは楽に進むという印象があります。

関　たとえばイタリア人と喫茶店に行って、飲み物を注文する時に、「何でもいいです」っていうのが一番ダメなんです。コーヒーなの？　ミルクなの？　ジュースなの？　ハッキリしなさいと、しつこいくらい聞かれます。

マリ　私は自分の子どもに対しては、「思ったことは絶対100％言いなさい、ただし失礼のないように。思っていることは絶対に心に残さないで」という風に教えています。ばななさんは、自分の気持ちをきちんと出すということについて、子どもに教える時はどういう風にされていますか？

ばなな　うちの息子は、話し始める前から自分の思っていることを100％出すタイプだったので、基本的にはそのまんま、放ってあります。でも、日本でそういう風に自由にやりたければ、より一層気を付けなきゃいけないことがいくつかあるっていうことは、常に教えています。たとえばレストランのような公共の場所で大声を出さないとか、目立つことを余りしないようにとか。日本では、それは必要以上にやったほうがいいよというのは、教えます。

関　日本の社会だと、男の人たちで飲みに行ったら、お酒が飲めないとダメみたいな風潮がありますね。同じことをしないとはじかれる、異物はすべて悪みたいな。でもイタリアでは、「僕は飲めないから牛乳」って言っても全然問題ない。そういう同調を強制するような雰囲気が、なんで日本にはあるのかなって、イタリアに行って不思議なギャップを感じました。

ばなな　私は下町の生まれですし、もともとハッキリとものを言うタイプだったんで、飲めないなら飲めないと、なんで言わないんだ？　みたいな感じでしたね。

マリ　それは日本人としては認められる？　許される？

ばなな　もちろん認められないです。ほとんどもう、掟破り。皆本当はそうしたいけど出来ないのに、なんであなたは我慢出来ないんだっていう風になる。私の場合はそういうグループとは合わないから、あんまり一緒にいないようにしています。

マリ　そういう習慣を持つ友達といる時は、ほんとの自分の気持ちを出せないじゃない。

ばなな　そうですね。それが楽しいと感じられる人、苦にならない人はいいと思うんです。でも、苦になる人は行かなくていいという選択肢を示すことが出来るといいなあとは、いつも思います。もし行きたくないと思うんだったら行かなくてもいいんじゃないの？　って。そういうのは、発言とか書くものによって、常に言ってあげたいっていう気持ちがありますね。

マリ　それは、声を上げていけば皆変わってくると思いますよ。やっぱりそのほうが楽だから。

ばなな　今の状況ではあり得ないから。

関　結局、自分はこうだっていうのを、相手にわからせちゃえばいいわけですよね。

ばなな　時間はかかりますけど、絶対に伝わりますからね。

イタリアンファミリーの壁

ばなな　人との距離感といえば、イタリアの人ってすごくフレンドリーなんだけど、あるところからパッと線がありませんか？

マリ　それ、あります、動かないね。

ばなな　ここから先は入っちゃいけないっていう、その人だけの心の中の線というのがあって、その線がすごくハッキリしてる。イタリア人にとって、それを保つのがすごく大切なことなんだと思うんですね。反対にフランス人は、割とズブズブっとそこから先に入っていけちゃう。そういう違いは感じますね。

マリ　わかります。イタリア人には、ハッキリとした個人の線引きがありますね。

ばなな　どうしてそうなのかはわからないんですけど、その違いはすごく強く感じます。イタリアの人の本当にコアなところには、絶対に立ち入っちゃいけないっていう感じ。

マリ　そこが傷付いたらもう、おしまい。

ばなな　うん。うっかり入ったらもう、その人は目の前からいなくなってしまう（笑）。

関　壁が厚いんです。ある程度まではスッと入れるけど、そこから先は、ドアが閉められてしまう。逆に壁を超えたら、これはもう絶対のファミリー。自分が生きている限りは相手を絶対に助ける。だからそこに入ってしまうと、逆に出られない。鍵がかかる。

ばなな そういうのは強く感じますね。

マリ 人との距離でイタリアと日本が違うなと思うのは、日本でコミュニケーションする時は、全然スキンシップがないことです。肌に触れることが全然ない。それで気持ちが伝わるのかなって、いつも思います。

長く会わなかった家族や友人に再会した時とか、大きな悩みがある時なんか、なんにも言葉はなくても、抱き合っただけで、肩の力が全部、ハァーッと抜ける。やっぱり温かさが通う。そういうことを、イタリア人はとても大切にしている。

日本人は、自分の心が折れそうな時とか、触れ合わなくて、家族と距離があって、気持ちが伝わるのかなって、私には不思議なんです。私にとってスキンシップはすごく大事なコミュニケーションだから。

ばなな 親しければ伝わるのだと思うのですけれどもね。うちの子どもは逆にボディタッチが多すぎるって、学級裁判にかけられてます。外国慣れし過ぎていて。

マリ (笑)。そう、息子のミケーレも。イタリアから帰って来たら、お友達にキスしてたのよね。

関 で、呼び出されたね。

マリ 女の子にはキスはやめて下さいって。ミケーレ、ダメだよ、ここは日本だからって。

ばなな 日本のお子さんたちはスキンシップに対してデリケートだから、その辺をわかるように教えるのは難しいですよね。

イタリア人の美意識

関　これは音楽の話なんですけれど、短期間に、イタリアとドイツ両方の先生のレッスンを受けたことがあったんです。で、イタリアのレッスン形態は、まず、美しさを感じて、そのあとに、それをどういう風に表現するかを考える。ドイツは、どんな風に作曲されているのかをまず考えて、それを踏まえて演奏すれば美しくなると、そういう論法。
　どちらの形態が良いかといったら、僕はやっぱりイタリアだろうなと思った。イタリアもドイツも、到達してしまえば、どちらも良いものになるのは同じだと思うのですよ。だけど僕はその時、ドイツのように理詰めで、外側から攻めていくよりも、イタリアのように心の内側から攻めたほうが、確実に何かが伝わるんじゃないかなっていう気がしました。そこが、イタリアの非常に成熟しているところだと思うんです。
ばなな　イタリアの人って、やっぱり皆さん目が肥えてるなあという印象が、私にもあります。街が美しいから、目が美しいものに慣れているというか。
マリ　たとえば音楽で言うと、日本のように貸しホールとかがないから、聴くとすれば由緒ある大劇場とかになる。しかも、そういうところは一級のアーティストしか出演できないから、一級品しか聴くことがない。だから自然と判断力が身に付くのかもしれません。いつも本物にしか触れていないから、そうじゃない時はなんか違うって感じるの。

関 それが普通のことになっているんですよね。僕の日常についてもうるさかったですよ。特に着る物に関しては。

マリ だってひどかったもん、あなた（笑）。

関 日本人だったらば、2、3軒先のパン屋に行くのに、サンダルで行くでしょ？　なのに靴はいて行けって怒られる。だって隣でしょ？

マリ スリッパで行くのはダメ！（笑）

ばなな そこはアジアとヨーロッパの違いですよね。あと、イタリアでは夕方に1回着替えますよね。あれは私、結構大事な気がする。なんだかわからないけど、夕方になるとちょっと夜っぽい服に着替えるんです。

関 南イタリアのほうに行くと特にそうなんですよ。夕食を家族で一緒に食べて、そのあと散歩する。なんてことないの。街の中、同じ道をぐるぐるぐるぐる……。毎日、夕方になるとちゃんと着替えて、男性はネクタイをして、女性は素敵な服を着て、子どももおしゃれを

して、2時間くらい街を散歩してね。「こんにちは」と道行く人に挨拶をして、アイスクリームを食べて、また家に帰る。なぜかはちょっとわからないけれども、やっぱり家の外と中をきちんと分けますね。

ばなな　時間帯もそうですよね。朝と夜とでメリハリがある。

関　そうですよね。だけど、じゃあ家の内側ではいいかげんにしているのかというと、どこの家庭に行っても清潔。特に食卓はきれいですよ。なんであんなにきれいなのかな。

マリ　食事の時は、テーブルクロスをかけて、一つひとつの席にナプキンを置く。それはイタリアでは本当に普通のことです。でも私も日本が長くなってきて、だんだんズルをするようになってきた。やっぱりテーブルクロスなしは便利（笑）。ああ、日本はいい習慣があるなあって（笑）。子どもが小さい時は、こぼすとすぐ洗わないといけないでしょ。イタリアでは洗濯機にかけたものは全部アイロンをかけるから、それは大変。とても苦になる。私の母が日本に来た時に、テーブルクロスがないと怒られると思ってちゃんとしたら、子どもが、「ママ、今日はなんでテーブルクロスかかってるの!?　いつもないのに！」って（笑）。

ばなな　（笑）

関　楽だもんね。だんだん日本的になっちゃう。いいかげんって言うか（笑）。変な話だけど、イタリアではパンツにまでアイロンをかける。

ばなな　アイロンかけますねぇ。

マリ　うん、もちろんもちろん。ストッキングも低い温度でかけます。本当に大変、何時間もかかります。

関　手でパンパンで終わりでいいでしょう。はけばグシャグシャになっちゃうんだからって思うんですが。

マリ　日本では確かにイタリアにいる時ほどはアイロンかけをしなくなりました。だけど、じゃあその洗濯物をアイロンかけないまま引き出しにしまえるかっていったら、25年経っても未だにしまえません。アイロンをかけるまでの一時置きの場所に置いて、そこから取ってそのまま使うことはあるけれども、引き出しにはしまえない。

ばなな　習慣だ（笑）。イタリア人は、どのようなものでも美しいものが好きですよね。それはもう徹底的で、気持ちがいいほど。どんなものの中にも美しさを見つけることが出来る体質というか、イタリア人のそういうところには、いつも感動しますね。日本人ももともとは、そういうタイプだったと思うから。どのような人を見ても、美しさに敏感であること、その感覚を小さい頃から持ってるということ、それはすごいことだなあと思います。

関　どうして、そうなんでしょうね。

ばなな　お二人のご著書にもある通りで、イタリア語って形容詞が多いんですよね。だから、私の小説があれだけ正確に訳されるのは、やっぱりイタリア語ならではではないかと思うんです。美しさに対する繊細さがないと、形容詞はたくさん生まれないですから。その点では、やっぱり英語はずいぶん略されているものなんだなあというのは、翻訳を通じてよく感じます。

アペリティーボという時間

ばなな　たとえば、私がヨーロッパに行って楽だなと感じるのは、時間の幅。朝食の時間の幅にしても、日本より断然広いですよね。いろんなライフスタイルを受け入れる体制になっている。特に、晩ご飯の前の時間帯にお客さんの枠があるのが、私にはすごく楽。なんて言うんでしたっけ、アペリティーボ？

マリ　そうです。

ばなな　それはフランスにもたぶんあるんですけど、日本にはない。要するにちょっと立ち寄るっていう枠が、お昼の前にもあるし、夕方にもある。その枠があるっていうのは、とても成熟しているなと思う。夕方の時間と晩ご飯に人を呼ぶっていうことを一緒にしないっていうことなんですよね。

マリ　そうそう。

ばなな　で、反対に言うと、朝会った人がまたいる場合は同じ格好でそこに行ったら、それはまた失礼（笑）。だから1回着替える。

マリ　そうですね。

ばなな　で、1回着替えるってことがまた心を新たにするから、そこも私にとってはすごく楽なことなんです。ヨーロッパではいろんなことがきちんと決まっている代わりに、日本みたいに、「夕方にお邪魔したら晩ご飯の時間にかかってるから、もしかしたら晩ご飯も食べることになっちゃうのかな」みたいな、そういう面倒くさい類推がないところがいいですね。だからそういう習慣は日本人も取り入れてもいいんじゃないかと思います。日本人はおそらく形式から入るほうが好きですから、いっそアペリティーボのような形式から先に取り入れてしまえば、かえって皆楽になるんじゃないの？　と思います。

マリ　そうですよね。それは日本にはない習慣ですよね。たとえば「近くにいるから、ちょっと寄るけど、いい？」みたいなことがないでしょう。なぜですか？

ばなな　ちょっと寄るって言った人は、普通、ちょっとしか寄らないじゃないですか、絶対晩ご飯までいない（笑）。いちゃいけない。だけど、日本だとそのままズルズルと本格的な飲みに入っちゃう可能性があるっていうのが、アジア的な良さでもありながら皆が困っているところですね。私も困ってる。日本の一番大変なところは、そういうところだと思います。

マリ　そうですね。ちょっとやり過ぎるところ。イタリアでは「お客さんは魚と同じ。3日も経てば臭くなる」（L'ospite è come il pesce: dopo tre giorni puzza.）という諺があります（笑）。

一同　（爆笑）

ばなな ヨーロッパはそういう決まりがハッキリしてるのが、本当に楽だなと思います。

関 イタリアではよくあるよね。急に車で、ちょっと通ったからって、玄関先で「やあ、元気～?」って5分、10分、話す。それで、「じゃあまたね」って。

貸し借りゼロにしたい

マリ 日本には「お返し」という習慣がありますよね。お歳暮、お中元、内祝い……。このお返しの意味が、未だに私にはわからない。

ばなな 私もわからない。

マリ ああ! 良かった～(笑)。

ばなな きりがなくなっちゃうからやらない、みたいな気持ちが強いです。

マリ なんで、すぐお返ししなくちゃいけないんですか。たとえば、私がお見舞いをしたとして、そのことに関しては、心の中にしまっておいて欲しいと思うんです。そして私が困った時、必要になった時に返してくれればいい。そうすれば、何があっても、友達が一杯いるから怖くないって思えるじゃない。だけども、すぐにお返しが返ってくると、そういう関係が築けない。

で、周りに聞くと、1万円くらいのものをもらったら、5千円くらいで返すのが決まりだと言うの（笑）。そんな風に決まっていると逆に冷たい感じがする。もう、そういう慣習はいらないんじゃない？

ばなな たぶん、そういう習慣は、本来は美徳だったとは思うんですよ。何かやってもらって、そのままにしておくことが出来ない。それは日本人の潔癖感でもあり、現代では難しいところでもあるんでしょうけど。

ただ、お返しまでの間のスピードが、最近なんか速まっていってませんか？　私はその速さにちょっとついていけない。そんなにスピード感はなくてもいいんじゃやないの？　っていうのはいつも思います。ついでがある時にちょっと寄ったり、あと、ハガキだけでもいい。バリエーションがあっていいと思います。

マリアンジェラ 日本ではよくプレゼントをすると、次に来る時にまたお返しを持って来たり、あとから郵送してきたり。プレゼントで大事なのは、気持ちを渡すことです。モノがありすぎている時代なのだから、モノモノモノだと逆に気持ちが見えなくなる。

関 これに対してこのお返しをしたから、もう、あなたと私は貸し借りゼロみたいな感じですね。

ばなな　たぶん、貸し借りゼロな状態を保ちたいんだと思います。

マリ　でも、自分がその習慣を嬉しく思わないとしたら、ちょっとずつでも工夫しながら変えていかないと、形だけのお付き合いばかりが残っていっちゃうよね。

ばなな　やっぱり、根気よくやれば自分のペースは絶対にわかってもらえるようになります。最初は、「あの人、メールも返さない」って思われても、「あの人は3日後に返してくる人よ」っていうところまで続ければ、誰しも人間同士だから、そこまでは咎めないというか、しつこくない。あの人はそういう人だから仕方ないわよと、わかってもらえるまで続けるしかない。で、また、儀礼的なことをうるさく言う人は、親しくそばに置かなければいい。

　誰も彼も自分から同じ距離に置こうとするからおかしくなるんだと思うんです。めったに会わないすごく尊敬しているお茶の先生と、隣の家のおばさんとを、人間として同じように扱うのは当然なんですけど、誰に対しても同じようにすぐに返事を書かなきゃとか、儀礼的なことを全部同じようにやろうとするから、難しくなる。自分と他人との距離感って、昔はもう少しいい意味で距離があって、返礼の習慣も楽しんで、ちょうどいいバランスで機能していた。その習慣が、今は形骸化してしまっているんですね。

マリ　形だけ残って、心が残っていないから、苦になってきている。難しいね。イタリアでは返事は急いですることではないんです。

関　で、お返しを待ってもいない。お返しっていう意識が彼らにはないから。

マリ　自分のところにすぐお返しが来た時には、その人とは親しくないという感じがしますか？

ばなな　しますね。等価のものがすごく速く返ってくると。そうしたら私は、この人とは距離があるなというふうに判断してます。

家の中と外の線

マリ　イタリアでは日本のように物でお返しをする習慣はほとんどないんですが、それですごくいいと思うことがあります。

私の母は小学校の先生だったんですが、周りの人間をとても大切にしてきました。彼らのために、本当にいろんなことをしてきた。そんな人徳もあってか、彼女が交通事故にあった時には、教え子や近所の人たちが、大勢、病院に集まって来てくれた。その中には、私が名前を知らない人もいました。そして代わる代わる病室で付き添いをしてくれました。その人たちが残したノートには、全員の名前と、何時から何時までなら病室にいられるという予定が、ビッシリと書き込まれていた。母は今まで、モノでお返しをもらったことはないけれど、本当に困った時に、そうやってお返しをしてもらっていたと思うのね。

要するにイタリアでは、お返しがないわけじゃなくて、いつお返しをするか、どんな風にお返しをするかが大事なんです。

日本で私の友達の一人が交通事故に遭った時、本当にひどい状況だったから、何か手伝わせて下さいって言いました。飼い猫の面倒を見るのでも何でもいいからと。だけど、「いいです、いいです。そちらも忙しい」と断られてしまいました。確かに私たちも忙しい。でも、助けたいっていう気持ちが、どうしてまったく受け入れてもらえないのか、私にはわからない。たぶん彼女は、私の助けが必要ないというのではなくて、迷惑をかけてはいけないっていう気持ちのほうが強かったのだと思いますが。

ばなな 日本の人は、家の中と外の線が特別堅いかもしれないですね。

マリ 今までいろんなことをやってもらったから、彼女が大変な時に、本当に力になりたかった。彼らにとって役に立つ人間になりたかったけれども、結局頼ってくれなかった。じゃあ彼女は、私の本当の友達なのかな、どう思えばいいのかなと。それは今、私が本当に悩んでいることです。長い付き合いの友達だから、余計にそう思うの。ずっと日本にいても、本当の友達は作れないのかなと思ってしまう。家族と友達の違いって、日本ではそんなに大きいものなんでしょうか?

ばなな そうですね。きっと、家の中のことを外に見られたくないという気持ちなんじゃないでしょうか。習慣の違いもあると思いますけれども。

マリ　じゃあ、本当の友達は家族だけ？　あとは、形だけの友達なの？

ばなな　うーん、かなりそれに近いんじゃないかなと思いますけどね。

マリ　もったいない。寂しい。

ばなな　私は、入院とか引っ越しとか、本当に困る時は友達が来てくれる。

マリ　じゃあ、ダメと言われても行ったほうがいい？

ばなな　うちの場合は、どちらかと言うとそういうタイプ。その家の形式にもよりますけどね。

本当の友達

ばなな　最近日本で、「私たちは親友です」って言ってる友達関係を見ていて、本当に？　この関係のどこが親友なんだ？　って思うことが本当に多いです。

マリ　わかります。

ばなな　学校でずっと一緒だったとか、何でも相談し合っているとか言うんだけど、全然そういう風に見えないし、実際そうじゃないと思う。そんな人間関係で、この人たちはこれから先、生きていけるんだろうかと、心配になる。私は本当の友達が何人かいるから、余計にそう思います。

私、この間、ハワイの親友のところへ遊びに行ったんです。日本人的感覚で言うと、私はお金を払って飛行機に乗って彼女に会いに行ったのに、着いたら、とりあえず犬の散歩してって（笑）。

マリ　（笑）

ばなな　今から自分の版画を美術館に持って行かなきゃいけないんだけど、時間がないから、ちょっと犬を散歩させて、留守番していてって言われて。それで私は言われた通り、犬の散歩をして、お皿を洗って、掃除して……。

マリ　それが本当の友達だと思います。

ばなな　もちろんその家に泊めてもらう。

マリ　私も日本でそういう友達が欲しい。

ばなな　ここは人の家だからお皿洗ったら悪いかなとか、ありんこつぶしたら悪いかしらとか思わない、そういう感じの人のことを本当の友達と言うんだと思う。「今日は家が汚いから、入ってもらえないの。ごめんね、ごめんね」とか言う感じの友達は、私にもいますよ。だけど、本当の友達だったら、「ごめんね、今日家の中ぐちゃぐちゃだけど、入って」でいいじゃないですか。

関　本当の友達は、多くいるはずないよね。無理だと思う。

ばなな　そう。多くなくてもいいです。

マリ　そうですよね。少なくても、何でも言ってくれる友達がいい。

ばなな　あと、ずーっと一緒にいないとわからない体の言葉というのがありますよね。メールとか、週に1回くらいたまに会うとかじゃなくて、もっとそばにいないとわからないことがある。なんとなく匂いや感触を知っていたり。そういうことに対して、日本の人はものすごく疎い感じがします。

関　さっきのアペリティーボの話のように、日本ではちょくちょく会う機会も少ないしね。それがないから、またお返しの速度が速くなっちゃうんですよ。

ばなな　本当に細かい人になると、この人の家に手伝いに行ったら、あっちにも行かなきゃいけないとか、わけのわからないことになる。じゃあ自分はどう思ってるの？　どっちの人が好きなの？　と聞きたくなる。この人にはここまでやりたいけど、誰々にはここまでしかやってあげない、そういうことは、自分の胸に手を当てれば、答えは簡単に見つかると思うんですよね。同じ同級生なのに、こっちに行ってこっちに行かないわけにはいかないとか、そういうのって、昔の村社会だったらある程度は機能したと思うんですけど、今はもう悪いところだけが残っちゃってる感じがします。以前、波照間島に行った時に、ある人と普通に仲良くなって家に遊びに行ったら、次の日、別の家に招待されて、「なんであっちに行ったのにこっちに来ないんだ」って（笑）。

マリ　わあ、もう大変（笑）。

ばなな　もし全部で10人くらいの村に住んでいるのであれば、「どっちにも行ったほうがいいよね」となるけど、たとえば現代の東京だったら、そういう環境じゃない。もっと自分の気持ち本位で選んでもいいんじゃないかと思うんです。たぶん、昔、村社会の時代でも、どっちにも行った上で、どっちかに行く頻度が多くなるというのはあったと思うんですよ。あの人とこの人は仲良いね、こっちよりはあっちと仲良いねって、そういうのは村だったら見ていれば自然にわかっていった。だから日本的な気の遣い方がうまくいっていたわけで、今はもうそういう世の中ではないから、自分の気持ちをハッキリさせないと、本当に何にもなくなっちゃう。何にもない人生になっちゃう。

マリ　私もそこに危機感を感じているんです。

生まれ変わっても日本人？

マリ　日本人に接していて、一つとても心配になることがあるんです。私の生徒に、「生まれ変わったら何人になりたい？」って聞くと、「日本人」と答える人がほとんどいない。イタリア人、ドイツ人、フランス人、アメリカ人などと答える人がほとんど。25年間ずっと同じ質問をしているけれど、これはずっと変わらない。私は日本が大好きだから、それがとても心配で、悲しい。私がもしイタリア人に同じ質問をしたら、100人が100人、「もう一度イタリア人に生まれたい」と言う。

ばなな そんな気がしますよね（笑）。

マリ 何で言い切れないのかな？

ばなな ……やっぱり戦争に負けたっていうことですかね。戦争に負けた国っていう状態が、ずっと続いているんでしょうね。

マリ 子どもたちの中にも？

ばなな 子どもたちの中にも、親の中にも。

関 イタリアは途中放棄だからね。

マリ 負けてはいないよ、イタリアは（笑）。

関 息子さんは、その質問になんと答えますか？

ばなな うちの息子は、この世の中で日本が一番素晴らしいと言うと思う。すごい幸せだと思っていると思います。定期的に日本を出られるから、という面もあると思いますけど。

マリ 私の子どもでさえも、イタリアは大好きだけど、住むとしたら、やっぱり育ったところ、日本って言うかな。友達がいるからということもあるけれど。ばななさんは、将来的にヨーロッパに住むことを考えたりもされますか？

ばなな　その可能性はゼロではないですね。ただ、日本語で書いているから、日本にいたほうが楽というのはあります。それと、私は動物が好きなので、人生の中で動物を飼うっていうことが、相当上位のほうにある。動物がいたら、長期的に日本と海外を行ったり来たりすることは出来ないじゃないですか。

マリ　もしもばななさんがイタリアで暮らしたら、何が一番、辛いかなと思われますか？

ばなな　鍵が壊れた時（笑）。あと、洗濯機とかが壊れて水が漏ったりしたら困ると思う。そうなったら1週間くらい、絶対に誰も直しに来てくれない。ヘンな鍵屋さんに頼むと、「鍵屋さんが泥棒」とか。

マリ　それはよくあります（笑）。

ばなな　そういうことを考えると、自分はもう平和にボケてるから、たぶん無理だろうなと。やっぱり平気で車に物を置いて来ちゃうようなところがありますから。そこに注意しながら暮らすというのは、今から出来るかしら、という気がします。

マリ　だから私たちは、小さい頃から「自分」を育てている。自分で自分を守らないといけないから。

編集部　じゃあ、最後の質問です。ばななさんは、もしも生まれ変わったとしたら、どこの国の人に生まれたいと思いますか？

ばなな　あんまり想像したことがないけど……。でも、日本人に生まれたいとは思います。

関　そう思えないとだめですよね。生まれ変わってもこの家族、この国でって思えることが、たぶん幸せの一つの証だと思うんだけど。

マリ　そう思って欲しいよね。

―――

よしもとばなな

1964年、東京生まれ。日本大学藝術学部文芸学科卒業。87年『キッチン』で第6回海燕新人文学賞を受賞しデビュー。88年『ムーンライト・シャドウ』で第16回泉鏡花文学賞、89年『キッチン』『うたかた／サンクチュアリ』で第39回芸術選奨文部大臣新人賞、同年『TUGUMI』で第2回山本周五郎賞、95年『アムリタ』で第5回紫式部文学賞、2000年『不倫と南米』で第10回ドゥマゴ文学賞を受賞。著作は30カ国以上で翻訳出版されており、海外の賞も多く受賞している。近著に『スナックちどり』『花のベッドでひるねして』『鳥たち』『サーカスナイト』がある。

付録

幸せになるための十戒

幸せになるのは、難しいことではありません。
自分の気持ちに嘘をつかない、自分を隠さない、
溜め込まないで素直に生きていく、それが第一歩です。
これまでのお話の締めくくりに、幸せになるための
マリアンジェラ流メソッド・十戒をあげておきましょう。

――マリアンジェラ・ラーゴ

VERSO LA FELICITÀ

其の❶…自分自身を知り、信じること

格言 Non fare il passo più lungo della gamba.／自分の足の長さより大きな歩幅をとるな

自分のことは自分が一番よく知っているのです。長所、欠点は誰でも持っているもの。欠点を直そうとするよりも、長所を伸ばすほうが簡単です。

「私」という存在は世界に一人しかいません。他人と比較する必要はなく、自分の素晴らしさに気付いて、自信を持つべきです。

其の❷…素直でいること

格言 Le bugie stremano la mente.／嘘は頭を極限まで消耗させる

相手によって自分を変えていると、ストレスが溜まるだけです。

自分の本当の心をハッキリと伝えることが出来、相手の意見もきちんと受け止められれば、お互いの「私」が無理なく存在することとなり、自然でラクな関係が保てます。素直でいられるということは、自分との対話がうまくいっているということですから、心は曇りなく、幸せの基本が成立しています。

其の❸…オッティミストであること

格言 Dietro ogni nuvola c'è sempre il sole.／どんな雲の後ろにも太陽がある

常に周りの出来事に対して、出来るだけ良い面を見るように心がけるべきです。起きてしまった事は変えることが出来ません。変えることが可能なのは、自分の気持ちです。悪い面ばかり見ていると、悩みもストレスも増え続け、解決には至りません。

マイナスと思われるすべての出来事は、未来に素晴らしい幸せを手にするための教えなのです。苦しさのあとには、それ以上の喜びが待っています。

其の❹…自分の持っているものに満足する

格言 Chi si accontenta gode.／満足を感じる者は喜びを得る

価値観を物に置き換えるのは、不幸の始まりです。現代の社会は資本主義が発達し、マーケットは私たちに「不満足」を感じさせるように作り上げられています。持っていない物を望むのではなく、持っている物に喜びを感じるべきです。

日常の中にある小さな物事に喜びを感じることが出来ると、素晴らしい世界が広がります。

其の❺…逃げずに問題に向き合うこと

格言 Meglio affrontare che temere il pericolo.／危険を恐れるより立ち向かえ

人生には問題は必ず付いて回ります。目を背けても、また違う形で同じ問題がやって来ますので、恐れずに解決するよう努力しましょう。自分が小さくなって自信をなくすことなく、何回でも頑張れば良いのです。すぐに解決出来なくても、強い気持ちで立ち向かった！　ということが、自信につながります。どんな問題でもいつかは必ず乗り越えられるのですから、落ち込む必要はありません。トライし続ければ良いのです。

其の❻…人からもらうより、与えること

格言 Prima o poi sarai ricompensato.／遅かれ早かれ自分に戻る

あなたの些細な行動により、まったく知らない人でも小さな幸せを感じるものです。1日の中には、幸せを感じさせる事柄がたくさん転がっています。親切を受けた側が喜ぶのは当然ですが、実は、より大きな喜びを感じるのは与えた側です。

親切を受けた人も、またほかの人に親切を与えるでしょう。思いやりの気持ちはそのように巡り巡って、またいつか自分のところに戻ってきます。

其の❼…良い友達を選ぶこと

格言 Chi trova un amico trova un tesoro.／良い友は宝をもたらす

真の友とは、どんな問題、悩みでも話し合うことが出来ます。その中には、自分にとって苦く、都合の悪い言葉もあるかもしれません。時々静かなところで、真の友から勧められたことを、もう一度考え、見つめ直し、最後は自分の頭で考え、決断して行動することが大切です。友人は宝です。多くなくても良いですから、本当の友を作り上げて下さい。

其の❽…〝今〟を大切に生きる

格言 Meglio un uovo oggi che una gallina domani.／明日の雌鶏より今日の卵

現在という時間は、過去となり、未来へとつながっていきます。未来に何が起きるかは、誰にもわかりません。その確実ではない未来を心配して、現在の時間が犠牲にされていくのはもったいないことです。〝いま〟は二度と戻ってきません。だからこそ、現在を深く味わって欲しいものです。

其の❾…やり過ぎないこと

格言 Il troppo storpia.／やり過ぎは害になる

「過ぎたるは及ばざるが如し」と日本の諺でも言われる通り、やり過ぎは良い結果を生みません。一生懸命になることは大事ですが、「し過ぎ」はほかのものが視野に入らなくなり、一つの世界しか見えなくなる危険性があります。ちょっと肩の力を抜いて、〝心のゆとり〟を心がけましょう。

其の❿…自分を大切にすること

格言 Cuor contento, il ciel l'aiuta.／晴れた心を、神は助ける

自分のことを大事に思うのは、エゴイストではなく、誰にとっても当然なことです。好きなことをする自分だけの時間を持つことが大切です。日頃のストレスを払拭する、大事な充電の時間となります。さまざまなことに興味を持てば、喜びも増し、生き生きと過ごせます。自分が幸せを感じれば、ほかの人へも幸せを分け与えることが出来るでしょう。

あとがき

誰でも幸せになれる

マリアンジェラ・ラーゴ

この本を読んでいただき、ありがとうございました。

私がどれほど生きていることに喜びを感じ、そして人生を愛しているか、この本を通して伝わったならば、大変嬉しいです。

人生には、さまざまな問題が存在すると思いますが、一つだけハッキリと言えることは、誰でも幸せになれるということです。私は、子どもの時に過ごした辛い一時期に感謝しています。そんな経験があったからこそ、「どんな日常の小さな出来事にも『当たり前』なんてないのだ」ということ、そして「本当に大事なものは何か」ということに、早い時期に気付くことが出来ました。辛い過去があったからこそ、私の人生は豊かに、幸せなものになったと思っています。

私は、オッティミストと呼ばれる人間だと思います。たとえ、悪いことが起こったとしても、いつも良い方向に物事を考えることが出来てしまいます。だって、人間は苦しむために生まれたのではないのですから。すべての出来事は、未来へ向かうための意味ある教えだと思っています。

幸せはどこにでも存在しています。ただ、見えていないだけなのです。特別な幸せを求めるのではなく、小さな出来事に幸せを感じることが大事だと思います。自分の良さに気付いて、素直に、自然体でいれば良いだけです。つまり、今のままで良いのです。そうすれば、幸せは自然とやって来ます。

人生という旅は素晴らしいですが、誰にでも必ず終わりがやって来ます。だからこそ、この限られた時間を無駄にしたくありません。出来るだけたくさんの感動を日々受けられることを願ってやみません。

この本をお読みになられて、皆様が幸せにより近付いたなら、本に挟まれている愛読者カードやメールなどでご意見をお寄せいただけると大変嬉しいです。メールでのご意見・ご感想はこちらまで：kanso.grazie@mt-brillante.jp

皆様からの声は私にとって大きな支えとなり、元気を与えてくれます。私の周りにたくさんの友がいて、同じ価値観を共有出来るという素晴らしい幸せを願いつつ。

素晴らしき人生に乾杯！　Viva la Vita!

終わりに

関 孝弘

イタリアに音楽留学した僕が、最も影響を受けたのは、常に喜びと笑顔が溢れているイタリア人の生き方でした。なんで彼らはこんなにも生き生きとしているのだろう？　日本から来た僕にはすべてが新鮮で驚きでした。この感動を一人でも多くの方々に伝えることが出来ればと思って、マリアンジェラと一緒に日常の生きた経験を綴ったこの本は、皆さんから多くのアドヴァイスをいただきながら完成しました。最後まで支えて下さいました、晶文社の太田泰弘社長はじめ、浅間麦さん、みつぃひろみさん、纐纈友洋さん、そして刊行のきっかけを作ってくれた畏友、赤松慈雲さんに、私たち夫婦の感謝の気持ちを捧げます。ありがとうございました。

10年ほど前からは、マリアンジェラの大学時代からの研究でもある「音楽と医療」をベースに、子ども医療のための音楽活動・研究をさまざまな形で進めております。耳の不自由な子どもたちのためのコンサート、重症心身障害児へのコンサート……など、音楽会に足を運べない難病の子どもたちに音楽の素晴らしさを届けております。2015年1月からは、子どもホスピス建設へ向けての音楽協力も始まりました。これからも、僕たちがもらった幸せを、多くの人々に還元していこうと思っています。

人間は音楽の前には平等であり幸せである、と信じて。

解説

関孝弘さんのリリシズム、マリアンジェラさんのオッティミズム

赤松 慈雲

「縁」。十年程前だったか、EU欧州委員会の友人に関孝弘さんを紹介されてコンサートに行き、澄んだ明るい音に驚いた。後日、会食して音楽と同様の人柄に感じ入った。また、共通の友人のイタリア外交官らを介して交流が深まり、拙僧が関孝弘・マリアンジェラさん御夫妻に、晶文社の太田泰弘社長を紹介した事から今回の出版が企画された。「縁は奇なもの」である。

その後、関さんのリリシズム（抒情性）に惹かれ、毎秋の東京文化会館大ホールでのコンサートに出向き、また難病の子供支援チャリティに感銘し、横浜のコンサートへも足を運んでいる。その折しばしば関邸にお邪魔し、マリアンジェラさんのお料理を御馳走になる。ある時、庭で取れた唐辛子を持参したら、次回の食卓に自家製「唐辛子味噌」になって出て来た。なぜか手打ちパスタに良く合った。「文化の出会い」と言うべきか。この秋には御夫婦で「ちゃんちゃんこ」を着て我が家に御宿泊、京の紅葉・古寺を楽しんで頂いた。これまた「文化の出会い」。

拙僧は基本的に、各地域文化間に優劣は無いと云う立場に立つが、それでもイタリアの地はパラダイスだと思う。「地中海性気候」と言われる様に、夏涼しく冬温暖。「君よ知るやレモンの花咲く国……なごやかなる風、青空より吹き」（ゲーテ）である。夏は蒸し暑く冬は底冷えの京都で暮らす者からすれば別天地である。また料理も酒も美味しい（これは京都も共通するが）。

楽」ではない。そこには古代地中海文明以来の言語・文化に支えられた人生哲学がある。

マリアンジェラ流人生哲学を本文から引くと、あの笑顔に満ちた「オッティミズム（楽天性）」であろう。日本には「笑う門には福来たる」という言葉がある。ここでは、笑う時点では未だ「福」は来ていない。「福」は笑った後にやって来る。しかし常に笑っていれば、「福」は常にそこにある。その辺りにマリアンジェラ流オッティミズムの本質が有るように思われた。

また御夫妻を見ていると互いに尊敬し、お子さん達の主体性を尊重しているのが良く分かる。その関係が「ソステヌート」。それを御夫妻は「sos-tenuto 下から—支える」と解する。対して、日本語の「見守る」は、「上から」の視線であろう。それが悪いというのではない。しかし家族を「下から支える」視点は、新鮮さをもって我々の心と生活を豊かなものにしてくれる。「見守り」とは「看」。看護・看病。育児や介護が課題視される現代、我々にとって、下から支える「ソステヌート」は注目すべき視点ではないだろうか。またマリアンジェラさんの「子供をソステヌートすることは自分の学びにもつながる」という言葉には、宗教者としても感じ入った。さすが御名前が、マリア（聖母）とエンジェル（天使）に由る人だと納得した。

最後に、まだ関孝弘さんの演奏をお聴きでない方々には、ぜひコンサートで関さんの音楽をお聴きになる事をお勧めする。そこでは楽曲の情感が澄み切った音で瑞々しく奏でられ、終演後はロビーで御夫妻・お子さん達が笑顔で迎えてくれる。「凛々しいリリシズム」そして御夫妻の言う「Ｉ００パーセントの幸せ」を、言葉を超えて実感されると確信する次第である。合掌

著者について

マリアンジェラ・ラーゴ（Mariangela Rago）

イタリア、ブレーシャに生まれる。ミラノ大学・生物学科卒業。在学中に環境汚染の論文を発表。また発音・発声の研究をブレーシャ国立子ども医療センターにて行う。1989年、ピアニスト関孝弘と結婚し、来日。東京学芸大学の講師を務めながら、イタリア語に関する2つの論文を発表。耳の不自由な子どもたち・重症心身障害児などのための「音楽と医療」の研究にも大きな力を注いでいる。イタリアをテーマとした講座も日本全国で展開中。2009年にはNHK「イタリア語講座」の講師を務める。2014年、日伊文化交流に貢献したとして、イタリアのフィナーレ・リーグレ市より名誉市民の称号を授与される。現在、東京音楽大学講師。夫婦共著で刊行された『これで納得！よくわかる音楽用語のはなし』『ひと目で納得！音楽用語事典』（共に全音楽譜出版社）は異例のロングセラーに。

関孝弘（せき・たかひろ）

東京に生まれる。東京芸術大学、同大学院を修了。1979年よりイタリアのブレーシャ国立音楽院に留学。在学中から数々の国際コンクールに上位入賞。その後、各国の音楽祭に招待され、活動はヨーロッパ全土に及ぶ。1988〜2005年まで東京芸術大学講師を務める。楽譜校閲、CD録音多数。2011年、イタリアのピアノ音楽を日本に広めた多大な功績により、イタリア政府より文化功労勲章「コッメンダトーレ章」を受勲。続いて2014年、日伊の文化交流の貢献により、フィナーレ・リーグレ市より名誉市民の称号を授与される。難病の子どもたちのための支援チャリティーコンサートを開催するなど、マリアンジェラ夫人と共に社会貢献活動にも積極的に取り組んでいる。現在、日伊音楽協会理事、パルマ・ドーロ国際ピアノコンクール審査委員長。

公式HP：http://www.mt-brillante.jp

ブリランテな日々（ひび）

——マリアンジェラのイタリア流しあわせ術

二〇一五年三月二〇日 初版

著者 マリアンジェラ・ラーゴ、関孝弘

発行者 株式会社晶文社

東京都千代田区神田神保町一-一一

電話 （〇三）三五一八-四九四〇（代表）

（〇三）三五一八-四九四二（編集）

URL http://www.shobunsha.co.jp

印刷・製本 中央精版印刷株式会社

ISBN978-4-7949-6873-9 Printed in Japan